Alicia Anker
und Daniel Sprenger

extra ③

Deutschland –
der reale
Irrsinn
ist überall

Alicia Anker
und Daniel Sprenger

extra ③

Deutschland –
der reale
Irrsinn
ist überall

Eden
BOOKS

Inhalt

Vorwort

Liebe Leserin, lieber Leser,
viele Menschen wollen mit der Wirklichkeit nichts mehr zu
tun haben. Sie flüchten sich in Scheinwelten. In Fantasywel-
ten, in Drogenwelten, manche sogar in politische Parteien.
Das ist schade, wenn auch psychologisch nachvollziehbar.
Diese Menschen fliehen vor der Realität, weil sie ihnen zu
bescheuert ist. Allein die Tatsache, dass Donald Trump
Präsident der Vereinigten Staaten werden konnte, beweist
doch, dass die Realität uns oft verdammt viel zumutet. Und
dann gibt es ja auch diesen Satz: »Das Leben schreibt die
besten Geschichten.« Ich halte den für Unsinn. Manchmal
schreibt das Leben auch einfach nur vollkommen hanebü-
chene Geschichten. Geschichten, bei denen man ausrufen
möchte: »Was soll denn das jetzt bitte schon wieder?« und
Angst haben muss, vom vielen Kopfschütteln ein Schleuder-
trauma zu bekommen.

Trotzdem: Ich finde, es lohnt sich hinzuschauen. Genau
hinzuschauen. Das mag eine Berufskrankheit sein. Als Ma-
cherinnen und Macher einer Satiresendung sind wir praktisch von Haus aus auf die Absurditäten der Realität geeicht;
sie bieten uns das Rohmaterial, aus dem wir unsere Scherze
drechseln. Aber auch die schiere, pure, unbehandelte Realität kann ihren Reiz haben. Für genau diese Fälle gibt es bei
extra 3 eine eigene Rubrik: »Der reale Irrsinn«.

Aus vielen Gesprächen mit Zuschauerinnen und Zuschau-
ern weiß ich: Es ist wahrscheinlich die beliebteste Rubrik.
Es sind diese oftmals kleinen, aber immer realen Geschichten mit dem gewissen »Das-gibt's-doch-gar-nicht«-Faktor,

diese vielen, vielen Fälle von Behördenirrsinn, von Schild-
bürgerstreichen und Provinzpossen in kleinen und großen
Städten, die uns und den extra 3-Fans ganz besondere
Freude machen.

So sehr man die Wirklichkeit auch hassen und anklagen
kann für den Mangel an Sinn und intelligentem Design, wir
sollten nie die Worte des großen Philosophen Berti Vogts
vergessen, der einmal gesagt hat: »Die Realität sieht anders
aus als die Wirklichkeit.« Ein Satz, der sich vielleicht nicht
auf Anhieb erschließt. Aber nachdem ich einige Wochen
darüber meditiert habe, hat sich mir seine tiefe Weisheit
offenbart. Denn das Reale wirkt ja bisweilen irreal. Die Realität ist oftmals ganz und gar unglaublich.

Das gilt auch und ganz besonders für Deutschland. Dieses
eigenartige Land mit seiner sympathischen Regulierungs-
wut. Hierzulande einen Bauantrag für eine Garage zu stellen, ist vom Schwierigkeitsgrad her mit einer Doktorarbeit
in Harvard zu vergleichen. Viele große Bauwerke hätte es in
Deutschland nicht gegeben. Die wären nie und nimmer genehmigt worden. Die Behausungen der Steinzeitmenschen
zum Beispiel. Feuer in einer Höhle ohne Schornstein und
CO_2-Messung? Können Sie vergessen. Die Höhle wäre nach
der deutschen Feuerstättenverordnung sofort geschlossen
worden. Oder das Kolosseum in Rom. 50.000 Sitzplätze und
keine einzige Toilette. Das hätte nach deutschen Ver-
ordnungen um insgesamt 5.000 Dixi-Klos erweitert
werden müssen. Oder auch die Pyramiden von Gizeh.
Gebäude ohne Fenster! Das hätte kein deutsches
Bauamt erlaubt.

Nun sind aber viele Bauwerke
und Ausflugsziele durch ihr Scheitern erst berühmt geworden. Der

schiefe Turm von Pisa etwa. Wenn der gerade stünde, würde da keine Sau hinfahren. Oder Pompeji. Wer würde von der Stadt reden, wenn Politiker die nicht damals zu nah am Vesuv gebaut hätten? Oder die Insel Giglio. Die hatte monatelang viel mehr Tagestouristen, weil ein wahnsinniger Kapitän damals die Costa Concordia dagegen gesteuert hat. Berlin mit dem Hauptstadtflughafen natürlich sowieso. Finden wir uns damit ab: Fertig wird der Flughafen nicht mehr. Da wird man nicht fliegen können. Einchecken vielleicht. Man gibt sein Gepäck auf, genießt die Erlebniswelt Flughafen mit Restaurants und Shoppingmalls. Dann geht es zum Gate, da wartet der Bus und fährt Passagiere und Gepäck einfach schnell nach Tegel.

Das ist ja der prominenteste Irrsinn: Der Flughafen in Berlin, von dem man nicht wegfliegen kann. Die U-Bahn in Köln, die Unsummen verschlungen hat und praktisch keine Zeitersparnis bietet. Das Volksparkstadion in Hamburg. Ein Stadion, in dem die Heimmannschaft keinen vernünftigen Fußball spielen kann.

Aber als extra 3-Moderator kann ich Ihnen versichern: Der reale Irrsinn ist überall. Den gibt's als Flatrate für alle. Es reicht, morgens die Haustür zu öffnen. Ich bin ja der Meinung, dass auf Haustüren eigentlich von innen standardmäßig Warnhinweise angebracht werden sollten: »Achtung! Das Öffnen dieser Tür kann zu Erstaunen und unkontrollierten Lachanfällen führen.«

In diesem Zusammenhang kann ich Ihnen nur raten: Fahren Sie mal in die Orte, die in diesem Buch vorkommen. Machen Sie sich auf die Deutschlandreise zum realen Irrsinn und schauen Sie sich zum Beispiel die Besonderheit in Bad Salzuflens Fußgängerzone an! Oder den Strand von

Wilhelmshaven! Oder den Fischbrötchenstand in Stralsund! Diese Orte haben ihren Reiz, den Reiz des Absurden. Und der ist immer eine Reise wert.

Sei es das Grabenlaub, das nicht zum Straßenlaub sortiert werden darf, sei es der Streit über verschiedene Sitzbankmodelle oder seien es Straßen, die eigentlich keiner braucht und keiner will. Böse Menschen sagen: zum Beispiel alle, die nach Bremerhaven reinführen.

Ich bin froh und glücklich, dass 40 dieser Geschichten, an denen viele Zuschauerinnen und Zuschauer schon im Fernsehen ihre helle Freude hatten, nun auch als Buch vorliegen. Den bewährten Satirefachkräften Alicia Anker und Daniel Sprenger gebührt das Verdienst, diese schönen, lustigen, absurden Realsatiren aus heimischer Produktion und mit Echtheitszertifikat noch einmal nachrecherchiert, erweitert, ergänzt und vor allem in Buchform gebracht zu haben.

Wenn Sie wissen wollen, wie Deutschland tickt, wie dieses Land denkt und funktioniert und vor allem: warum nicht, dann sei Ihnen dieses Buch wärmstens ans Herz gelegt.

Viel Vergnügen und Let's Make Realsatire Great Again!

Christian Ehring

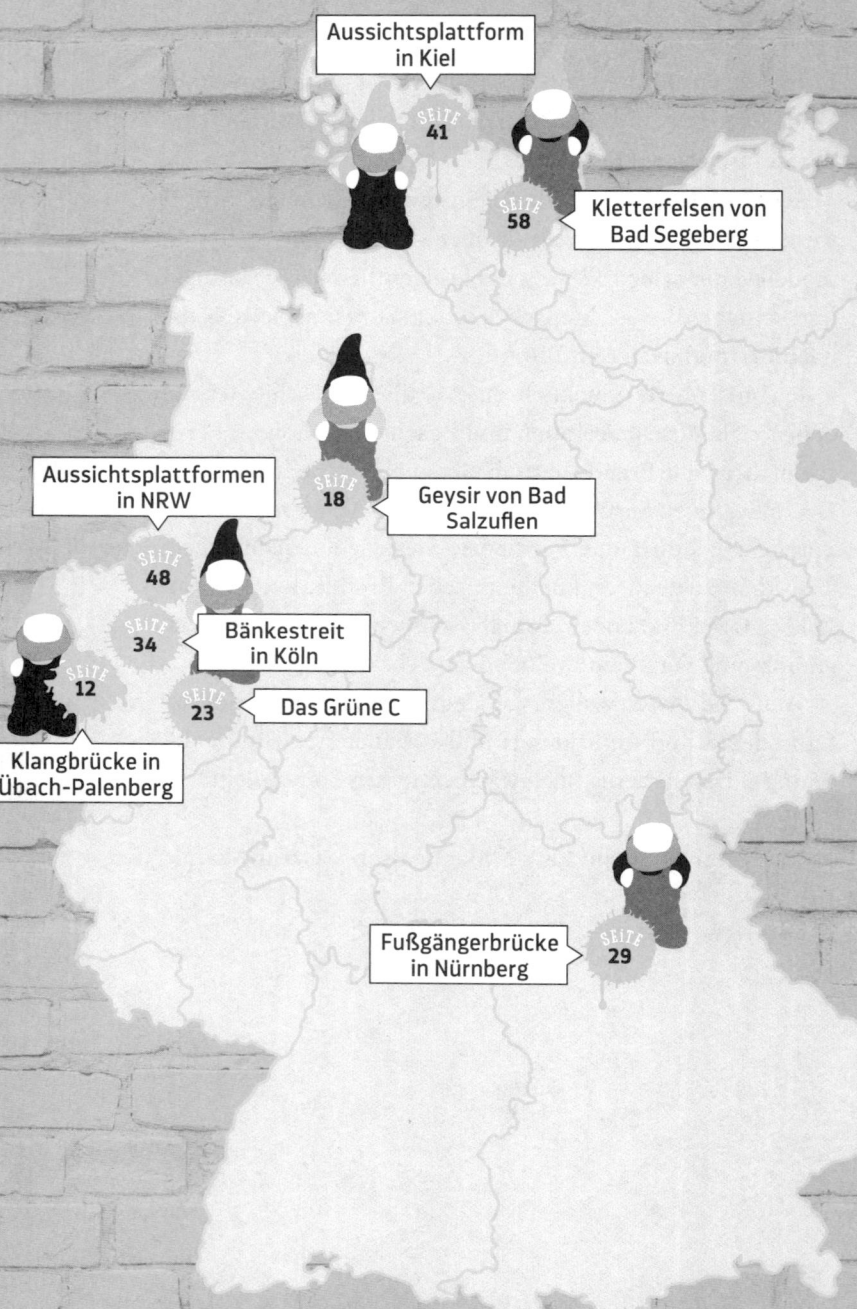

Aussichtsplattform
in Kiel

SEITE 41

SEITE 58

Kletterfelsen von
Bad Segeberg

Aussichtsplattformen
in NRW

SEITE 48

SEITE 18

Geysir von Bad
Salzuflen

SEITE 34

Bänkestreit
in Köln

SEITE 12

SEITE 23

Das Grüne C

Klangbrücke in
Übach-Palenberg

Fußgängerbrücke
in Nürnberg

SEITE 29

Irgendwo muss das Steuergeld ja hin

Stadt- und Landschaftsmöblierung

Was den Hamburgern ihre Elbphilharmonie ist, ist den Übach-Palenbergern ihre Klangbrücke. Kennen Sie nicht? Und Sie haben auch noch nie darüber nachgedacht, auf welchem Banktyp Sie sitzen und noch nie etwas vom Grünen C gehört? Dann nehmen wir Sie mit auf eine Reise zu den herausragendsten Beispielen der Stadt- und Landschaftsmöblierung, von Übach-Palenberg tief im Westen bis zum Nord-Ostsee-Kanal. Überall wird die Landschaft aufgewertet, wenn komische Dinge an merkwürdigen Orten platziert werden. Sie hätten keinen Geysir in einer deutschen Fußgängerzone vermutet? Dann waren Sie noch nicht in Bad Salzuflen. Wir schon.

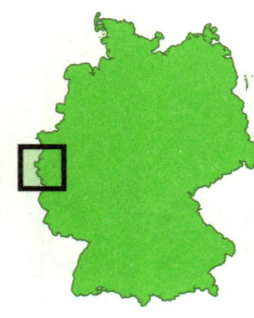

Die Klangbrücke in Übach-Palenberg

Diese Brücke spielt das Lied des Windes. Der Luftzug bringt ihre 3.150 Klangelemente zum Tönen und schafft einen wohlklingenden Erholungsraum für Stressgeplagte. Zumindest in der Vorstellung der Architekten. Mit zusätzlich montierten mehreren Hundert Metallfächern wirkt die Klangbrücke in den Entwürfen zudem wie eine stählerne Reuse, durch die Spaziergänger lustwandeln. Sie sollen den Wohlklang nicht nur hören, sondern ihn fangen wie einen Schwarm wohlschmeckender Fische. »Dies ist ein Unikat, welches weltweit einzigartig ist«, schwärmt Wolfgang Jungnitsch beim Blick auf die Pläne.

Dieses einzigartige Werk entsteht 2008 nicht etwa in New York, Berlin oder Paris, sondern in Nordrhein-Westfalen, inmitten von Weizenfeldern und Wiesen am Rand von Übach-Palenberg, einer Kleinstadt nahe der niederländischen Grenze. Und das nicht einfach nur so: »Diese Brücke hat den Gedanken des Verbindens in sich im Zuge der Eu-Regionale«, erinnert sich Jungnitsch, der Bürgermeister der Stadt, durch die das Flüsschen Wurm fließt und in der der Übach entspringt. Die EU-Regionale 2008 hatte zum Ziel, im Dreiländereck von Aachen, den Niederlanden und Belgien »wegweisende Projekte« zu fördern.

Die Brücke führt von einer Wiese über eine Straße in einen Park. Wobei der »Gedanke des Verbindens« bei der Klangbrücke nicht im Vordergrund stand, wie Jungnitsch zugibt. Denn es gibt nur rund hundert Meter weiter einen ebenerdigen Eingang in den Park. »Ob die Brücke jetzt hier wäre oder nicht, das würde keinen Besucher vom Park abhalten. Von daher ist eine originäre Notwendigkeit nicht da«, sagt Jungnitsch. Aber so ist es ja oft mit großer Kunst: Sie braucht keinen profanen Zweck, sondern genügt sich selbst.

»Weltweit einmalig«: Eine Klangbrücke gibt es noch nirgends – und nur Kleingeister würden sagen: zu Recht. In Übach-Palenberg hingegen sieht man die Chancen und lässt die Idee 2008 mit viel Geld Wirklichkeit werden.

Außerdem gibt es Zuschüsse – von der EU und vom Land Nordrhein-Westfalen. Die Gesamtkosten der Klangbrücke, die anfangs mit 887.000 Euro kalkuliert waren, liegen am Ende bei 1,2 Millionen Euro. Kennt man ja von anderen Prestigeprojekten wie der Elbphilharmonie. Die Stadt Übach-Palenberg steuert rund 420.000 Euro aus ihrem Haushalt bei. »Es war unsere Hoffnung, dass das mal das Highlight werden kann, um Touristen in unsere Region zu bringen«, sagt Jungnitsch. Doch es kommt anders.

Heute baumeln nur vereinzelt Klangelemente an ihren Stahlschnüren, traurig und verheddert. Touristen sind nicht zu sehen. Und zu hören ist – nichts. Oder? »Wenn man ganz leise ist und bei den Klangelementen mal gut hinhört, dann hört man ein leichtes Klingen und Säuseln.« Jungnitsch muss überdurchschnittlich gute Ohren haben.

Die Gestänge sind größtenteils leer, weil der Klang der Elemente ein nicht unerhebliches rechtliches Problem schafft, das die Eröffnung der Brücke 2009 um einige Monate hinauszögert:»Bei über 3.000 Elementen wäre das Problem gewesen, dass sie in der Summe zu laut geklungen hätten«, erklärt der Bürgermeister.»Ein Lärmschutzgutachten hat dazu geführt, dass nur maximal 65 Elemente aufgehängt werden durften.« Sonst wäre der erlaubte Grenzwert von 39 Dezibel in der Nacht überschritten worden.

Eine weltweit einzigartige Klangbrücke, die nur sehr eingeschränkt klingen darf, weil die Bewohner eines nahe gelegenen Hauses durch das Bimmeln um ihren Schlaf gebracht würden. Das mag man noch als Scheitern einer weltmännisch orientierten Architektur an kleinstädtischen Befindlichkeiten abtun. Doch die Brücke wird zwischenzeitlich zum echten Sicherheitsrisiko: Die Metallfächer lösen sich gleich beim ersten größeren Sturm im November 2009 aus ihrer Verankerung.»Die Elemente verwirbelten und fielen teilweise mit scharfkantigen Spitzen herunter. Ich musste die Straße sperren lassen und habe dann auch alle Elemente abnehmen lassen«, erinnert sich Jungnitsch.

Im Mai 2011 laufen die Übach-Palenberger – und interessierte Touristen – dann endlich über die Brücke, drei Jahre später als ursprünglich geplant. Auch das kennt man von anderen Prestigeprojekten. Die Brücke ist nun fast aller Besonderheiten beraubt – aber sicher. Auch der Lärchenholzbelag ist jetzt bereits erneuert: Er hatte sich nämlich durch Regenwasser verformt. Die Kosten für die Reparaturen trägt die Stadt übrigens allein. Rund 100.000 Euro sind dafür bislang fällig geworden.

Ob Klangbrücke oder Gerippe: »Das eine wie das andere ist irgendwie touristisch interessant«, findet der Bürgermeister.

»Bildlich hat sich die Brücke von einer Reuse zu einem Dinosauriergerippe entwickelt«, sagt Jungnitsch. Und finanziell ist aus der Klangbrücke ohne Klang für die Stadt ein Fass ohne Boden geworden. Denn auch das Gerippe kostet Geld. Es muss als funktionierende Brücke erhalten werden – um jeden Preis. Die Instandhaltung schlägt mit jährlich 15.000 Euro zu Buche, also mit bislang insgesamt etwas über 100.000 Euro. »Lieber diese Mehrkosten in Kauf nehmen als Zuschüsse zurückzahlen«, lautet Jungnitschs Devise. Denn die deutsche Förderpolitik sieht vor, dass die Gemeinde die vom Land erhaltene Summe zurückzahlen müsste, würde die Brücke ihren Zweck nicht mehr erfüllen – etwa, wenn sie gesperrt würde.

Das mit sechzig Millionen Euro verschuldete Übach-Palenberg muss also weiter Geld in Erhaltungsmaßnahmen für ein eigentlich völlig überflüssiges Bauwerk stecken, damit ihr nicht auf einmal die Gesamtkosten in Rechnung gestellt werden.

Chronologie der Klangbrücke

Mai 2008: Ausschreibung der Klangbrücke.

Juni 2008: Auftragsvergabe durch den Stadtrat Übach-Palenberg für 887.578,97 Euro mit dem Auftrag an die Verwaltung, im weiteren Verfahren Einsparungen vorzunehmen.

September 2008: Förderantrag wird eingereicht, die Brücke hat sich bereits auf 1.125.831,72 Euro verteuert.

März 2009: Nach Fertigstellung der Brücke Reduzierung der Windspiele auf 65 Stück zur Einhaltung des Lärmrichtwertes.

April 2009: Lärchenholzbelag der Rampe verformt sich durch Feuchtigkeit.

November 2009: Erste Windspiele verformen sich durch Sturm.

Januar 2010: Stadt lässt sämtliche Windspiele aus Sicherheitsgründen abhängen.

Mai 2011: Freigabe der Klangbrücke für die Öffentlichkeit.

Februar 2014: Feststellung verkehrsgefährdender Mängel, diesmal an der Tragkonstruktion der Brücke, daher erneute Schließung; Behebung der Mängel und anschließende Wiederfreigabe für Fußgänger.

Aber vielleicht schafft es ja auch das Dinosauriergerippe, Menschenmassen nach Übach-Palenberg zu locken. Bürgermeister Jungnitsch jedenfalls gibt die Hoffnung nicht auf, auch wenn von der eigentlichen Klangbrücke nicht viel übrig geblieben ist: »Das eine wie das andere ist irgendwie touristisch attraktiv.«

Die Klangbrücke liegt an der Wurmtalstraße in 52531 Übach-Palenberg zwischen dem Fluss Wurm und dem Willy-Dohmen-Park. Sie ist ganzjährig und ganztägig begehbar, ein kleiner Parkplatz befindet sich davor.
Der Willy-Dohmen-Park wurde auf dem Gelände einer ehemaligen Kiesgrube eingerichtet und ist kostenlos zugänglich. Er steht unter Naturschutz.

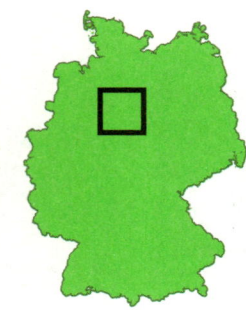

Der Geysir von Bad Salzuflen

Bad Salzuflen – eine Perle Nordrhein-Westfalens! Seit jeher Thermalbad, seit 2013 sogar anerkannter Kneipp-Kurort.

»Viele Deutsche haben Angst, nicht nur vor überraschenden Wasserfontänen, vor Geysiren in Bad Salzuflen. Nein, die Deutschen haben Angst vor denen, die da kommen. Vor dem Glauben dieser Menschen, vor Gewalt, vor den Kosten. Und diese Ängste, die sind berechtigt. Allein letztes Wochenende kamen wieder Zehntausende in unsere Städte, meistens junge Männer, viele gewaltbereit, beseelt von einem wirren Glauben, und das kostet uns Millionen. Aber genug von der Bundesliga!«

Das Stadtwappen ziert ein Brunnen. Auch dem Stadtunkundigen wird schnell klar: Mit Wasser und dessen fachmännischem Gebrauch kennt man sich hier aus. So zum Beispiel Rolf Oberweis, der Baudezernent der Stadt. Rolf Oberweis hatte eine Weltklasseidee: Er ließ einen künstlichen Geysir bauen. Mitten in die Fußgängerzone von Bad Salzuflen! Ha! Wer hat schon einen Geysir? Also außer den Isländern natürlich.

»Wir wollten einen haben mit einem Wow-Effekt, also einen Brunnen, einen Geysir, der alle paar Minuten spritzt«, schwärmt Oberweis. Läppische 40.000 Euro hat das Wasserwunderwerk gekostet.

Und für das Geld bekommen die Bad Salzufler richtig was geboten: Alle vier Minuten schießt der Geysir völlig unvermittelt ziemlich hohe Wasserfontänen in die Luft – mitunter auch auf Passanten. Oberweis

18

Ein Mann und seine Idee: Rolf Oberweis neben seinem Geysir, der hier noch ganz friedlich wirkt.

freut sich: »Nicht-Salzufler wissen das nicht, gucken vielleicht rein und erleben dann den Wow-Effekt. Einheimische wissen vielleicht schon, wie es funktioniert.« Vielleicht.

Es gibt komischerweise auch Einheimische, die den Oberweis'schen »Wow-Effekt« des Geysirs nicht richtig zu schätzen wissen:

»Der ist furchtbar! Ich krieg einen Herzinfarkt!«

»Ich habe hier schon einige Leute nass werden sehen.«

»Der stört die Leute, die erschrecken sich und werden nass gespritzt.«

»Wir haben die Fontäne drei Meter hoch spritzen lassen, also der Geysir ging über drei Meter hoch, dann war aber im Umkreis von sechs Metern alles nass«, erklärt Oberweis. Der umsichtige Baudezernent weiß natürlich, was in so einer Situation zu tun ist. Ein Geländer muss her. Und zwar rund um den Geysir herum. Um Sicherheitsbedenken konsequent auszuräumen und einen gewissen Spritzschutz zu gewährleisten.

Wären da nur nicht wieder diese Bad Salzufler ... Denen gefällt der Geysir *mit* Geländer auch nicht.

»Da fällt man drüber, nachts ist das schlecht beleuchtet, dann rennt man gegen das Geländer – solche Argumente kamen«, erinnert sich Oberweis.

Also Kommando zurück: Das 1.000 Euro teure Geländer wird wieder entfernt und die Spritzhöhe der Wasserwurfanlage auf mickrige 1,50 Meter gekürzt. So hat Rolf Oberweis sich das eigentlich nicht vorgestellt. Aber kehrt nun endlich Ruhe ein?

»Es ist auch passiert, dass die Fontäne gerade kam, und eine Frau mit Rollator ist vor Schreck umgefallen«, sagt Oberweis und fügt an: »Gut, das ist das Leben.«

Genau, das ist das Leben! Zumindest das Leben mit einem Geysir. Ein bisschen vorausschauendes Mitdenken ist da schon erforderlich, findet Oberweis. »Wenn ich auf dem

Oberweis demonstriert den »Wow-Effekt«. Man könnte auch sagen: Der Geysir macht sie alle nass. Auch seinen genialen Planer.

Boden unten eine nasse Zone sehe, dann frage ich mich doch: Was ist das? Warum ist das nass? Und dann guckt man und dann weiß man auch, da ist irgendwas.«

Eben. Alles eine Frage der eigenen Aufmerksamkeit. Dass es um just die bei den meisten Bad Salzuflern nicht gut bestellt zu sein scheint, bestätigt der im Laufe der Zeit entstandene Geysir-Beobachtungsposten im nahe gelegenen Café. Hier sitzen die, die das Spektakel kennen und schätzen. Denn immer noch erschreckt und durchnässt der Spritzbrunnen die Passanten in der Fußgängerzone. »Die Älteren wissen gar nicht, dass da Wasser kommt, schon sind sie nass und sind am Schreien, jetzt müssen sie nach Hause zum Umziehen«, lacht ein schadenfroher Cafébesucher. »Ich sitze jeden Tag hier.«

Oberweis' letztes Zugeständnis an die Bürger seiner ach so wasseraffinen Stadt: Eine Geysir-Countdown-Uhr in Form einer Digitalanzeige soll die Leute auf die nächste Eruption vorbereiten. Wenn es nach Oberweis geht, nicht um sie zu warnen, damit sie sich vor dem herausschießenden Wasser in Sicherheit bringen, sondern um bewusst stehen zu bleiben und den Geysir zu erleben. Und so kehrt hoffentlich endlich Ruhe ein in Bad Salzuflen.

Vielleicht ist die eigentliche Attraktion in der Stadt auch gar nicht der Geysir, sondern der Baudezernent – ein Mann, der mit allen Wassern gewaschen ist.

WAS IST DRAUS GEWORDEN?

In einem Telefongespräch erzählt der immer noch amtierende Baudezernent Rolf Oberweis, der anfangs, sagen wir mal, kein Fan der satirischen extra 3-Berichterstattung über seinen Geysir war, dass die Bad Salzufler heute voll und ganz hinter seinem Brunnen stünden. Sicher, von Zeit zu Zeit werde noch mal einer nass. Aber: »Man kann sich die Innenstadt von Bad Salzuflen gar nicht mehr ohne Geysir vorstellen! Er ist akzeptiert bis zum Gehtnichtmehr.«

Außerdem, so erzählt Oberweis weiter, habe die plötzliche Präsenz des Brunnens in den Medien dazu geführt, dass sogar Touristen seinetwegen die Stadt besuchen: »Eine bessere Werbung für die Stadt kann ich mir nicht wünschen!« Hoffentlich haben die Besucher alle Regenjacken dabei.

Anreise

Der Geysir spritzt in der Fußgängerzone Lange Straße, 32105 Bad Salzuflen.

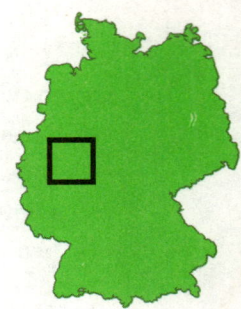

Das Grüne C

Köln hat seinen Dom, Düsseldorf die Kö und Bonn den Charme der etwas provinziellen ehemaligen Hauptstadt. Da die Stadt nicht allein vom Ruf der Vergangenheit leben kann, hat sie sich einem zukunftsträchtigen Projekt angeschlossen, an dem so namhafte Städte und Gemeinden wie Alfter, Bornheim, Niederkassel, Sankt Augustin und Troisdorf teilhaben. Bei der Erklärung des Projekts gerät Rainer Gleß, Erster Beigeordneter der Stadt Sankt Augustin, ins Schwärmen. »Es verbindet Landschaftsräume und es erschließt Landschaftsräume für Erholungssuchende«, sagt Gleß, während er im Regen auf einem geteerten Weg durch die Hangelarer Heide spaziert. Diese liegt im mittleren Bereich des insgesamt 17 Kilometer breiten Projekts, das sich über den Rhein hinweg erstreckt. »Es soll die Identifikation der Bürgerinnen und Bürger der Region mit ihrem Lebensraum, mit ihrer Landschaft stärker erhöhen, als es bisher der Fall ist.«

»Sieben Millionen Euro hat der Spaß gekostet! Da ist dann aber hoffentlich auch das Koks mit dabei für die Werbefuzzis, die sich das ausgedacht haben.«

Wo jahrzehntelang nur ein stinknormales Netz aus Rad- und Spazierwegen die Städte verband, ist im Zuge des Strukturprogramms Regionale 2010 das »Grüne C« entstanden. So heißt das wegweisende Konzept. »Die Grundform des

Grünen C, also des Landschaftsraumes, der miteinander verbunden wird, ist – mit etwas Fantasie – ein auf den Kopf gedrehtes C«, erklärt Gleß und zeigt auf einem Plan die sechs umkreisten Landschaftsräume. Um das C zu erkennen, benötigt man in der Tat recht viel Fantasie.

Sechs Landschaftsräume – ein Grünes C: Es ist ein Projekt voller wundervoller Orte wie diesem, durch den Rainer Gleß führt.

Wer sich darauf einlässt, dem wird schnell klar, dass die Möblierung der Landschaft im C das A und O ist. Etwa mit den sogenannten Toren, das sind »naturnah gestaltete Orte, die den Übergang vom Wohngebiet in die Landschaft markieren«, wie es auf der Homepage des Grünen C heißt. Die Tore stünden vornehmlich an Engstellen, an denen der zunehmende Siedlungsdruck besonders deutlich werde. »Im eigentlichen Sinne handelt es sich bei den Engstellen um gegenüberliegende Ränder mit mehr oder weniger breitem Zwischenraum«, heißt es weiter. Alles klar? Noch nicht? Die Erklärung geht ja auch noch weiter: »Dieser Zwischenraum soll durch Stärkung der Ränder gesichert werden.« Wem das zu verquast klingt, der war noch nicht selbst vor Ort im Grünen C und hat nicht die pfiffigen Elemente gesehen, die

die Planer sich ausgedacht und in der Landschaft platziert haben. Grün ist daran allerdings meist gar nicht so viel, denn die Elemente bestehen in der Regel aus Beton.

Beispielsweise die Tafeln im Boden, auf denen Ortsbezeichnungen stehen. Etwa »Rhein« und daneben ein Pfeil in die entsprechende Richtung. »Das weiß nun jeder, dass da hinten der Rhein fließt, dafür braucht man kein Schild«, bemerkt ein Spaziergänger. »Ich denke, es werden relativ wenig Ortsfremde hier spazieren und die Leute, die hier wohnen, wissen ohnehin, wo der Rhein liegt. Insofern hätte man sich das sparen können.«

Aber wieso sparen? Wenn man eh schon extra die alte Asphaltdecke des Fuß- und Radweges aufschneidet, um eine Betonplatte zu verlegen, kann man in die doch auch gleich noch einen Schriftzug hineinfräsen.

Es gibt im Grünen C jedoch auch weniger offensichtliche Gestaltungen. Hinter dem Rhein-Schild steht ein niedriges rechtwinkliges Konstrukt. Ob der Spaziergänger denn wohl auch weiß, was das sein soll? »Ich gehe mal davon aus, dass es Beton ist«, sagt er. So weit, so richtig. Aber was soll es darstellen? »So wie das aussieht, eine Bank. Ich wüsste nicht, was es sonst sein sollte.«

Da springt ihm Rainer Gleß, der Experte fürs Grüne C, gern zur Seite. Für ihn ist völlig klar: Das, was aussieht wie eine Bank, ist definitiv »keine Bank! Das ist das sogenannte C-Signet.« Das sei ein immer wiederkehrendes Symbol für das Grüne C, erläutert Gleß. Ein aus Beton geformtes, rechtwinkliges C – darauf muss man erst mal kommen. Besser könnte man die Menschen nicht darauf hinweisen, dass sie sich im Bereich des Grünen C befinden. Und es funktioniert: »Das wird mittlerweile von den Menschen als solches durchaus wahrgenommen«, ist Gleß überzeugt.

Beeindruckende Betonelemente werten die Landschaft auf. Hier etwa das C-Signet, das eindeutig erkennbar auf das Grüne C hinweist.

»Das ist völliger Blödsinn. Das ist für mich eine Bank«, hält der renitente Spaziergänger dagegen. »Alle anderen Auslegungen wären also wirklich weit hergeholt. Also ich kann kein C daraus erkennen. Dafür muss man schon sehr viel Fantasie haben.« Da ist sie wieder, die Fantasie. Aber die Planer sind durchaus zu Zugeständnissen bereit: »Wenn jemand glaubt, sich auf das Grüne-C-Signet setzen zu wollen, dann bitte schön«, sagt Gleß.

Zum entspannten Sitzen sind jedoch eigentlich die »Stationen« vorgesehen, natürlich auch aus Waschbeton und natürlich auch in der ganz eigenen Form. »Die Seitenansicht der Sitzelemente soll an eine abstrahierte Form des Buchstaben C erinnern«, heißt es auf der Homepage des Grünen C. Die C-Form ist bei den Rastmöglichkeiten so konzipiert, dass eine Bodenplatte, eine leicht schräge Wand und ein Dach das C bilden.

Solch ausgetüftelte Landschaftsmöblierung kostet natürlich auch: 24,6 Millionen Euro, die vom Land, vom Bund und aus dem EU-Fonds für regionale Entwicklung kommen. Gleß hat die detaillierten Zahlen für Sankt Augustin: »Die

Gesamtsumme beträgt etwa sieben Millionen Euro. Und die Platzelemente mit allem Drum und Dran kosten etwa zehn Prozent, das macht etwa 670.000 bis 680.000 Euro.«

Der Spaziergänger ist irritiert, als er hört, wie teuer die Platzelemente waren. »Dann fragt man sich natürlich, ob das in den Dimensionen hätte sein müssen«, sagt er, als er zusammen mit seiner Frau auf einem Weg aus Betonplatten zu einem Geländer geht. Die beiden steuern den C-Höhepunkt in Sankt Augustin, ja wenn nicht im gesamten Projekt, an. »Hier befinden Sie sich an einer der wichtigsten Stationen, die das Grüne C begleiten, und zwar der Station Hangelarer Heide«, erklärt Gleß. Das Tableau diene dazu, unmittelbar zur Kante zu gehen und von hier aus den Blick über die ganze Umgebung ein wenig schweifen zu lassen.

»Von dieser Station aus hat man eine sehr ausgeprägte Blickbeziehung in Richtung Osten/Südosten«, doziert Gleß. Gegenüber befinde sich der Flugplatz Hangelar, der älteste

Das Besondere an dieser Station: die ausgeprägte Blickbeziehung über die Hangelarer Heide. Von neben der Plattform aus ist die nicht ansatzweise so möglich. Nur identisch.

noch in Betrieb befindliche Flugplatz Deutschlands, »eines der Alleinstellungsmerkmale der Stadt Sankt Augustin. Von daher haben wir, die Planer, uns überlegt, wir wollen das würdigen durch den Bau einer solchen Station.« Genau richtig entschieden, denn der Blick von direkt neben der Station ist zwar identisch, doch die Blickbeziehung sicher längst nicht so ausgeprägt ohne die Station.

»Also ich habe noch niemanden gehört, der gesagt hätte, das hier müsste man haben und das ist ganz toll«, meint der Spaziergänger wenig beeindruckt. Aber nicht verzagen: Es braucht einfach seine Zeit, bis so ein visionäres Landschaftsmöblierungsprojekt in den Köpfen der Menschen angekommen ist. Da müssen die Planer einfach C sein.

Anreise

Das Grüne C ist eine großflächige Landschaftsmöblierung mit eigener Internetseite: www.gruenes-c.de. Hier gibt es viele Infos zum Hintergrund, zu den umgesetzten Bauwerken und ihren Standorten. Ein Highlight des Grünen C, das Plateau Hangelarer Heide mit der ausgeprägten Blickbeziehung, befindet sich am Ende der Straße In den Hasenkaulen, 53757 Sankt Augustin.

Die Fußgänger-brücke in Nürnberg

Im Nürnberger Stadtteil Langwasser führt eine Fußgängerbrücke über die stark befahrene, vierspurige Breslauer Straße. Und die Brücke ist 1a in Schuss. Zugegeben, ein kleines, nicht ganz unwichtiges Detail sticht bei näherem Hinsehen schon ins Auge. Aber »überflüssig«, »nutzlos« und »sinnlos«? Die Nürnberger finden viele gemeine Ausdrücke, um diese besondere Brücke zu beschreiben. Nur, weil sie ein wenig anders ist. Anders als andere Brücken. Dabei hat sie zum Beispiel ganz normale Brückenpfeiler, Stahlseile, die den Gehweg tragen, einen Auf- und einen Abgang, stabile Geländer – eine Brücke halt. Aber ja, es stimmt, auf gewisse Weise ist sie etwas eigen. Weil man sie nicht – wie bei Brücken normalerweise so üblich – nutzen kann, um von A nach B zu kommen. Das ist vielleicht ein wenig ungewöhnlich für eine Fußgängerbrücke. Aber das mag damit zusammenhängen, dass sie – nun ja – keinen Boden hat.

Doch das hat einen guten Grund: Die Stadt Nürnberg hat die Brücke 2007 gesperrt. »Die Bohlen waren zum großen Teil richtig durchmorscht, durchfault«, sagt Christoph Miller von der Stadt Nürnberg. »Dann musste man handeln und diesen Bohlenbelag in der Gänze auch abnehmen.«

Die Bohlen wurden entfernt und nie erneuert. Die Instandsetzung war der Stadt zu teuer, ein Abriss aber auch. Nun steht sie einfach so da, die Brücke ohne Boden. Aber überflüssig, nutzlos oder gar sinnlos ist sie deswegen noch

Na da schau her: Die bodenlose Brücke zieht Schaulustige an. Das Bauwerk ist schließlich auch ein echtes Unikat.

lange nicht! Schließlich beschäftigt die Brücke viele Leute. Die, die sie wegen ihrer bodenlosen Besonderheit fotografieren, über sie reden oder sich über sie wundern zum Beispiel. »Das schaut aus wie ein Stück aus einem schlechten Witzebuch«, sagt eine Passantin. »Völlig hirnverbrannt«, meint eine andere. Aber damit nicht genug: Die Brücke beschäftigt auch ganz konkret die, die sie auf ihre Standfestigkeit hin kontrollieren müssen. Denn auch das holzbohlenbefreite Brückengeripppe wird selbstverständlich regelmäßig gewartet. Seit acht Jahren. Aus Betriebssicherheitsgründen. Dabei ist völlig unerheblich, dass der Betrieb längst nicht mehr möglich ist. Die Wartung erfolgt gemäß der Brücken-DIN-Norm 1076. »Eine sorgfältige Überwachung und Prüfung der Bauwerke durch sachkundige Personen ist unerlässlich«, heißt es darin. »Mit den Prüfungen ist ein sachkundiger Ingenieur zu beauftragen, der auch die statischen und konstruktiven Verhältnisse der Bauwerke beurteilen kann.«

Und wer könnte das besser als die Brückenexperten der Stadt Nürnberg? Sie kümmern sich rührig um ihr Bauwerk: »Es gibt sogenannte laufende Beobachtungen, es gibt die Sichtprüfung, auch in der DIN vorgeschrieben, und es gibt die Einfachprüfungen«, sagt Stefan Parbel vom SÖR, dem Servicebetrieb öffentlicher Raum Nürnberg.

Die Norm sieht alle sechs Jahre eine Hauptprüfung vor, alle drei Jahre eine einfache Prüfung und jedes Jahr eine Sichtprüfung. Hierzu klopfen Christoph Miller und sein Kollege beispielsweise mit einem Hammer an den Stahlpfeilern und auf den Betonteilen an den Treppenaufgängen herum, um zu prüfen, ob sich Teile lösen. Ist dies nicht der Fall, ist die Brücke weiterhin verkehrssicher.

Das Ganze kostet natürlich. Aber nur um die 15.000 Euro im Jahr. Und für dieses Geld bekommen die Nürnberger ja auch etwas. Denn: »Mittlerweile hat sich massiv Vegetation und auch schützenswerte Vegetation in dem Bereich ergeben«, erklärt Parbel.

Eben! Das Brückengerippe wuchert so richtig schön zu. Mit schützenswerter Vegetation.

Natur und Beton werden eins: Nach acht Jahren der Sperrung hat sich rund um die Brücke schützenswerte Vegetation entwickelt.

Und so gibt es noch eine Gruppe Menschen, die die Brücke beschäftigt: die, die sie rechtfertigen müssen. Und das ist bei Weitem die schwierigste Aufgabe. Wer will da noch von überflüssig, nutzlos und sinnlos sprechen? Höchstens die Fußgänger vielleicht, die ohnehin unter der Brücke hindurch statt über sie hinüber gehen. Ist ja auch viel praktischer, denn genau unter der Brücke befindet sich eine Fußgängerampel, die die Überquerung der Straße ganz einfach macht.

Dass die Brücke keinen Boden hat, ist eigentlich auch gar nicht so schlimm. Denn direkt darunter kommen Fußgänger und Radfahrer problemlos über die Straße, dank einer Ampel.

WAS IST DRAUS GEWORDEN?

Zum Zeitpunkt der extra 3-Berichterstattung und eine Weile darüber hinaus hielt die Stadt Nürnberg am Erhalt der Brücke fest. »Ein Brücken-Stahlgerüst ohne Belag ist sicherlich ungewöhnlich«, schrieb die Stadt in einer Stellungnahme, »aber aufgrund der alternativen Querungsmöglichkeit durch die Ampelkreuzung im Moment eine Lösung, die die Kosten am besten im Auge behält.« Erhalt vor Abriss – für die Stadt eine Kostenfrage. Und eine der Praktikabilität.

»Weder aus Gründen der Verkehrsführung noch aus Gründen der Gefahrenabwehr gibt es derzeit einen Handlungsdruck.« Gleichzeitig hieß es aber: »Nichtdestotrotz wird SÖR in diesem Jahr eine Zukunftslösung für die Brücke erarbeiten.« Die Zukunftslösung für die Brücke sah dann so aus, dass sie keine hat. Also keine Zukunft. Im August 2016 wurde Nürnbergs bodenlose Brücke tatsächlich abgerissen. Die Kosten dafür beliefen sich nach Angaben der Stadt auf 140.000 Euro, berichtet der Bayerische Rundfunk. Für diese Summe hätte man die einmalige Brückenkonstruktion fast noch zehn Jahre unterhalten und pflegen können! Doch das wäre den Steuerzahlern gegenüber eine bodenlose Unverschämtheit gewesen.

Der Bänkestreit
in Köln

Die Kölner Schildergasse ist die meistbesuchte Einkaufsstraße Deutschlands. Knapp 17.000 Menschen schieben sich hier zu Stoßzeiten in der Stunde durch. Hier gibt es alle großen Bekleidungsläden, viele Fast-Food-Restaurants – nur seit einer Straßensanierung 2010 keine Bänke mehr, auf denen sich die vielen Passanten einmal ausruhen könnten.

Das soll sich 2013 ändern. Die Stadtverwaltung und die Bezirksversammlung Köln-Mitte wollen die Schildergasse wieder möblieren. Beamte und Politiker haben also das gleiche Ziel. Das bedeutet jedoch nicht, dass dieses auch zeitnah erreicht werden kann. Nicht in Köln.

Auf der Schildergasse werden erst mal keine Bänke aufgestellt.

Denn wer denkt, dass das so einfach wäre, der unterschätzt die Tragweite der Herausforderung. Wenn wir hier Sitzgelegenheiten schaffen, dann soll das auch eine sichere Bank sein, denkt sich das Baudezernat und schafft zunächst einmal eine sogenannte Probefläche. Schließlich geht es um das Management des Stadtraums, und um das kümmert sich Stadtraummanagerin Franka Schinkel. Sie erinnert sich: »Es gab einfach ein paar Bänke, die aufgestellt wurden, und es wurden Politiker gebeten, sich draufzusetzen.«

Auf der Probefläche unweit des Kölner Doms testen im Mai 2013 Vertreter der Bezirksversammlung die Bänke. Sie sollen das letzte Wort haben über das Bankmodell, so war es im Vorfeld vereinbart worden. Unter den Politikern ist auch Bezirksbürgermeister Andreas Hupke von den Grünen. Vier Modelle stehen zur Auswahl, keine leichte Entscheidung. »Das war eine zeitlich sehr ausführliche und auch intensive Probesitzung und wir hatten uns dann einstimmig für das Modell ›Urbanis‹ entschieden«, sagt Hupke.

Ein einstimmiger Beschluss für das moderne Modell aus grauem Metall, weil »Urbanis« leicht zu reinigende Streben habe und relativ robust gegen möglichen Vandalismus sei. Der Wunsch der Politik wurde in der Verwaltung gehört – und verworfen. »Wir bekamen dann einen neuen Baudezernenten, und der sagte: ›Was Sie sich da ausgesucht haben, das gefällt mir nicht‹«, berichtet Hupke. Die Entscheidung des Stadtteilparlaments wird nicht umgesetzt.

Auf der Schildergasse werden erst mal keine Bänke aufgestellt.

Das Amt möchte im Fall des Falles nicht auf »Urbanis« sitzen bleiben, sondern favorisiert eine andere Bank: »Wir sind für die ›Landi‹-Bank, weil die ›Landi‹-Bank vielseitig ist, weil sie in allen urbanen Kontexten, in allen städtischen Räumen vorstellbar ist«, so Stadtraummanagerin Schinkel.

Das Baudezernat lässt daher im Mai 2014 erneut abstimmen zwischen »Landi« und »Urbanis«. »Da hat sich aber die Bezirksvertretung wieder für die ›Urbanis‹-Bank entschieden«, sagt Schinkel. »Wir haben uns das nicht so einfach bieten lassen und haben gesagt: Nee, wir wollen dieses Modell«, so Hupke. Weiterhin ein Patt. Dabei wird die Frage nach »Urbanis« oder »Landi« immer bedeutender, die Folgen immer weitreichender.

Denn im Baudezernat wird jetzt ein Banktyp nicht nur für die Schildergasse gesucht, sondern ein Gestaltungshandbuch für ganz Köln entwickelt. »Wir wollen natürlich einen

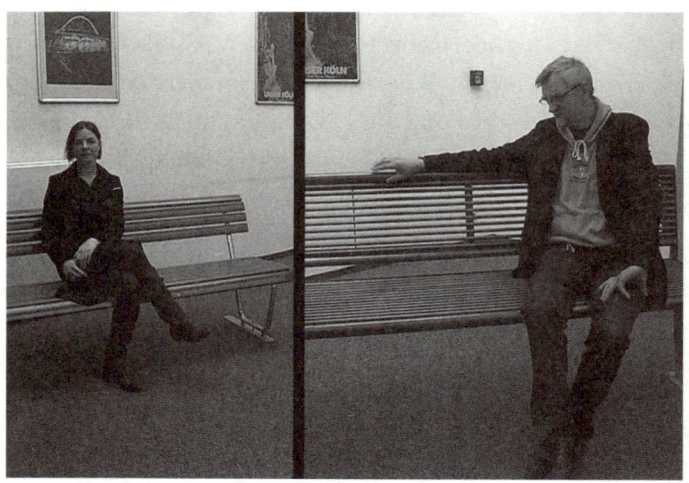

Stadtraummanagerin Franka Schinkel will Köln mit der »Landi«-Bank Gutes tun, während Andreas Hupke und die Bezirksversammlung für das Modell »Urbanis« sind.

Standard einführen, der stadtweit für eine Ruhe sorgt, eine Gleichmäßigkeit und für eine standardisierte Möblierung«, sagt Schinkel. »Da ist es natürlich gut, wenn wir eine Bank haben, die die ganze Stadt trägt.« Auf der Schildergasse hingegen wären ältere Menschen sicherlich schon froh, wenn ein paar Bänke sie kurz beim Ausruhen tragen könnten.

Aber auf der Schildergasse werden erst mal keine Bänke aufgestellt.

Auch wenn »Urbanis« bei der Abstimmung zwei Mal gewonnen hat, geschieht nichts. Denn »Landi« sei doch viel besser, findet die Stadt: »Wir denken, dass wir Köln damit etwas Gutes tun können«, ist Schinkel überzeugt. Hupke sieht das etwas anders: »Da steht keine Bank, aber da wiehert der Amtsschimmel. Manche sagen auch schon, in der Innenstadt gibt es eine Bankkrise.« Mittlerweile sind zwei Jahre seit der ersten Probesitzung vergangen.

Auch im Baudezernat drängt man nun auf ein Ergebnis – und hofft auf die Einsicht der Politik, den Empfehlungen des Gestaltungshandbuchs zu folgen und sich doch für »Landi« auszusprechen. »Deswegen haben wir jetzt gebeten, noch mal drüber nachzudenken, weil sich einfach die Randbedingungen geändert haben«, sagt Schinkel.

Der Bänkestreit geht in die dritte Runde: Hupke beruft daraufhin eine Sondersitzung der Bezirksversammlung ein, »um jetzt eine Entscheidung unbedingt hinzubekommen, damit die Bänke noch vor dem Sommer 2015 installiert werden« können, wie er sagt. Doch zuvor sei eine Sache unbedingt geboten: »Diese beiden Banktypen müssen noch mal aufgestellt werden, damit auch die Neuen, die jetzt im Stadtteilparlament sind, die testen können und dann darüber befinden.«

Und so geschieht das kaum mehr für möglich Gehaltene: In der Kölner Innenstadt werden Bänke installiert. Allerdings nur auf der Probefläche nahe des Doms, die es praktischerweise immer noch gibt. Dort stehen sich »Landi« und »Urbanis« direkt gegenüber. Das Duell der Bank-Giganten.

Nur auf der Schildergasse, da werden erst mal keine Bänke aufgestellt.

Die Sondersitzung der Bezirksversammlung, so viel ist klar, wird wirklich eine Sonder-Sitzung. »Das wird eine Probesitzung werden«, ist sich Hupke sicher. Wie schon zwei Jahre zuvor. Der Bürgermeister ist optimistisch, dass das Thema endlich nicht länger ausgesessen wird: »Am 30.04. soll die Entscheidung fallen.« Stadtraummanagerin Schinkel sagt, dass sie danach dann wirklich den Stadtraum managen möchte, auch wenn wieder »Urbanis« gewinnen sollte und nicht »Landi«: »Wenn dann zugunsten dieser Bank entschieden wird, dann ist das so und dann werden wir die aufstellen.«

Ein Jahr später, Frühjahr 2016: Andreas Hupke geht durch die Schildergasse. Und geht und geht und geht. Setzen kann er sich nirgends. Immer noch nicht. Auch nicht nach der dritten Probesitzung, bei der wenig überraschend herauskam: »Wir bleiben bei dem Modell ›Urbanis‹.«

Doch auf der Schildergasse werden erst mal keine Bänke aufgestellt.

»Die Verwaltung hat sich das wieder anders überlegt, und die favorisieren immer noch das Modell ›Landi‹«, klagt Hupke. Das liegt auch daran, dass es barrierefrei sei, wie das Baudezernat mitteilt. »Urbanis« hingegen habe nur hinten Füße und sei daher für Menschen mit Sehbehinderung vorne schwer zu ertasten. Allenfalls eine barrierefreie Sonderanfertigung von »Urbanis« könne zum Zuge kommen. Doch darauf müsste man sich erst mal mit der Bezirksvertretung verständigen. »Wir sind noch nicht zu einer Einigung gekommen«, sagt Hupke.

»Da fügt sich eins zum anderen: Der Kölsche Dialekt hat ja von allen Mundarten die höchste phonetische Nähe zum Vollrausch.«

Entgegen der Beteuerungen von Frau Schinkel wird der Innenstadtraum also noch nicht mit Sitzgelegenheiten gemanagt. Bis auf eine Ausnahme: Hinter der Oper in der Krebsgasse sind neue Bänke platziert worden. Hupke nimmt Platz. Sie seien durchaus bequem mit ihrem gummiummantelten Metallgestänge, meint er und erinnert noch einmal daran, zwischen welchen beiden Bankmodellen seit Jahren hin- und hergestritten wurde: »Zwischen ›Urbanis‹ und ›Landi‹«. Logisch daher, welches Modell hier aufgebaut wurde: »Burri«!

Nach langem Hin und Her zwischen »Urbanis« und »Landi« schafft die Stadt endlich Fakten und stellt Bänke auf – und zwar das Modell »Burri«.

Lange bevor es zum Streit über »Landi« oder »Urbanis« gekommen sei, habe man sich für »Burri« auf dem sanierten Platz ausgesprochen. Ganz ohne Gestaltungshandbuch. »Das Modell war völlig in Vergessenheit geraten, weil der Diskussionsprozess ja schon drei Jahre weiter ist«, sagt Hupke. Doch nun steht es da – und das gleich zwölf Mal. Aber nicht locker über den Platz verteilt, sondern aneinandergeschraubt, sechs und sechs, Rücken an Rücken. »Die so kumuliert an einer Stelle hinzustellen ist völlig daneben«, findet Hupke.

Besser wäre es aus seiner Sicht gewesen, die – wenn auch falschen – Bänke auf der Schildergasse zu verteilen. »Das wäre ein Segen für die Menschen, die sich die Konsummeile immer hoch- und runterquälen«, findet Hupke.

Doch auf der Schildergasse werden erst mal keine Bänke aufgestellt.

Solche elementaren Entscheidungen werden in Köln offenbar gern auf die lange Bank geschoben. Als man sich dann nach erneuten Abstimmungsprozessen zwischen Politik und Verwaltung auf das modifizierte, von Blinden ertastbare »Urbanis«-Modell einigt, kommt noch eine Schwierigkeit hinzu, wie das Baudezernat schreibt: »Da es sich um ein ganz neu herzustellendes Sondermodell handelt, haben die Lieferzeiten für die ersten Bänke länger gedauert.« Doch im Sommer 2016 dann geschieht das kaum mehr für möglich Gehaltene:

AUF DER SCHILDERGASSE WERDEN BÄNKE AUFGESTELLT!

Und zwar acht Stück. In der gesamten Innenstadt sogar 32 Stück. Von nun an werde das Sondermodell als Standardbank in ganz Köln eingesetzt, heißt es aus dem Baudezernat. Die »Urbanis«-Spezialanfertigung hätte übrigens nach all dem Hin und Her keinen besseren Namen bekommen können als »Typ Cologne«.

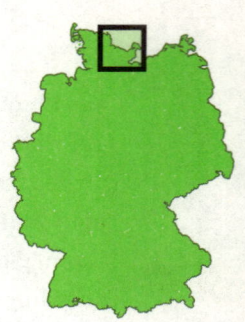

Die Aussichtsplatt-form in Kiel

Kiel, das sind die Förde, der Nord-Ostsee-Kanal, die Seeluft und vor allem Schiffe, Schiffe, Schiffe. Bewohner und Touristen schätzen es, das maritime Flair unmittelbar zu erleben. Die Verwaltung tut alles, damit Bürger und Gäste etwas geboten bekommen. Der neue Geniestreich: der Wiker Balkon im Schleusenpark im Norden der Stadt, gefördert von der EU und vom Land Schleswig-Holstein.

Direkt darunter liegt die Schleuse Holtenau. Stadtsprecher Tim Holborn schlendert über die Rampe auf das Podest

Die architektonische Krönung des Kieler Schleusenparks: der Wiker Balkon für 370.000 Euro.

aus Beton und Stahl und erklärt, was es mit dem Bauwerk auf sich hat: »Es ist eine Aussichtsplattform. In der Stadt an der Förde, mit dem Hafen im Herzen der Stadt, erwartet man Plätze, wo man aufs Wasser, auf die Schiffe und den Kanal gucken kann, und das ist einer dieser Plätze.« Das ist allerdings Ansichtssache.

Die Plattform wurde behindertengerecht gestaltet und eine extra breite Holzauflage auf die Geländer geschraubt. Damit sich Besucher bequem aufstützen können, wenn sie den Blick schweifen lassen über ... die hohen Bäume, die direkt vor der Plattform stehen und die Sicht versperren.

Jürgen Engel und Stephan Redlin können der Aussichtsplattform nicht so viel abgewinnen. Und das nur, weil sie keine Aussicht bietet.

Das ist der kleine Schönheitsfehler am Wiker Balkon: Man hat von der Aussichtsplattform keine Aussicht. »Wie wir sehen, sehen wir hinter uns nichts – außer Grün«, sagt Jürgen Engel vom Ortsbeirat Kiel-Wik und zeigt über das Geländer in die Botanik. »Der Blick zum Kanal ist völlig verstellt«, hat auch sein Beiratskollege Stephan Redlin beobachtet.

Man könnte es aber auch so halten wie der Pressesprecher der hoch verschuldeten Stadt Kiel: »Sie können die Förde von dem Balkon aus prima sehen«, sagt Holborn. Er wird nicht müde, auf die wenigen Lücken im Blattwerk hinzuweisen, sogenannte Sichtachsen würden den Blick freigeben. »Dort hinten sehen Sie die Schiffe bei der Einfahrt in die Schleuse, hier auf der mittleren Achse sehen Sie die Schiffe in der Schleuse und die dritte Sichtachse zeigt die Ausfahrt auf die Kieler Förde.«

Und tatsächlich: Zwischen im Wind flatternden Ästen sind Teile eines Schiffes in der Schleuse auszumachen und dort, hinter dichten Blättern, glitzert das Wasser der Förde in der Sonne. Dafür haben sich die 370.000 Euro, die der Wiker Balkon gekostet hat, doch gelohnt. Nur notorische Nörgler wie Ortsbeirat Redlin wollen das nicht einsehen: »Dieses Bauwerk ist völlig überflüssig, denn es erfüllt ja in keiner Weise den Zweck, für den es bestimmt ist.« Redlin meint, das Geld hätte besser für andere Belange im Stadtteil eingesetzt werden sollen, etwa für die Sanierung von Laufbahn und Schwimmhalle der dortigen Schule.

Aber mit Laufbahnen und Schwimmhallen lockt man nun mal keine Touristen an. Da braucht man etwas Besonderes. »Für Touristen wird der Wiker Balkon sicher ein interessanter Punkt sein in der Landeshauptstadt«, ist Holborn überzeugt. Und dann gerät der sonst so nüchtern wirkende Stadtsprecher ins Schwärmen: »Ich kann mir vorstellen, dass dieser Punkt hier so ein Geheimtipp werden wird. Ich bin mir sicher, der Wiker Balkon wird auf der Landkarte der Schiff-Spotter einen festen Platz bekommen.«

Tim Holborn ist Aussichtsprofi: Er erklärt, dass es auf die Sichtachsen ankomme. In dieser hier zum Beispiel erblickt man die Einfahrt der Schiffe in die Schleuse (das Weiße ist das Schiff!).

Redlin fürchtet allerdings, dass hier kaum ein Tourist zum Schiffe spotten herkommen wird, allenfalls, um über die Plattform zu spotten. »Vielleicht wird dieser Balkon Erwähnung finden im negativen Sinne, dass man berichten wird, wie bescheuert die Deutschen inzwischen sind, so etwas in die Welt zu setzen«, sagt der Wiker. Wer etwas von Schiffen sehen wolle, der müsse sich einen anderen Standort suchen. Ein ziemlich guter Ausblick sei gar nicht so weit entfernt möglich.

Redlin geht von der Plattform herunter, verlässt den Schleusenpark und bleibt etwa hundert Meter entfernt auf dem Uferweg über dem Kanal stehen, dort, wo keine Bäume wachsen. »Wenn wir uns umdrehen, haben wir einen wunderbaren Blick auf den Kanal, auf die Schleuse, all das, was das Bauwerk dort hinten nicht bieten kann«, sagt Redlin.

Ein Tankschiff fährt unterdessen in die vordere Schleusenkammer und parkt gemächlich ein, von diesem Standort unverstellt zu beobachten. Redlin hat da so eine Idee: »Man hätte für kleine Münze ein bisschen Erdreich aufschütten und vielleicht ein paar Betonpflastersteine aus dem Baumarkt hier verlegen können, dann ein schönes Geländer drum herum bauen, und der Bürger hätte wunderbar den Blick genießen können.«

Von hier oben fällt der Blick direkt auf ein überdachtes Häuschen mit Glasscheiben an drei Seiten, links neben der vorderen Schleusenkammer: eine weitere Aussichtsplattform. »In unmittelbarster Nähe zum Kanal, das setzt dem Ganzen noch die Krone auf«, erbost sich Redlin mit Blick auf das Gebäude, das seit Jahrzehnten sogar bei schlechtem Wetter einen Rundumblick gewährleistet.

Aber auf die neue Aussichtsplattform oben verzichten, nur, weil es unten bereits seit Langem eine gibt? Dann hätte der mit EU-Mitteln geförderte Schleusenpark ja ohne sein unbestrittenes architektonisches Highlight auskommen müssen und nur aus einer großen Rasenfläche mit einem kleinen Teich darin bestanden. Wie popelig wäre das denn, gerade im Hinblick auf die erwarteten internationalen Besucherströme?

Holborn gesteht aber ein, dass noch nicht alles ganz optimal sei. »Die Kritik müssen wir uns ein Stück weit anziehen, weil die Situation mit den Bäumen etwas schwierig ist«, sagt er – möchte aber auch, dass die Bemühungen der Stadt entsprechend gewürdigt werden. »Wir versuchen, den bestmöglichen Blick zu bieten, da müssen wir uns mit den Bäumen ein Stück weit arrangieren.«

Er kündigt an, bei den Sichtachsen ein bisschen nachhelfen zu wollen. Dazu werde es einen Rückschnitt geben – es gelte aber auch: »Alte Bäume haben alte Rechte.« Bei allem

Verständnis für die Bäume sollten die Sichtachsen breiter gestaltet werden. Ein Kahlschlag hingegen komme nicht infrage, daher stehe fest: »Es wird kein volles Panorama geben.«

Doch eine Sache spielt den gewieften Städtebau- und Tourismusstrategen der Stadt Kiel in die Hände: Vor dem Wiker Balkon gibt es keine Nadel-, sondern nur Laubbäume. »Im Herbst, wenn die Blätter fallen, werden die Menschen den Panoramablick in seiner fast vollen Pracht erleben können«, frohlockt Holborn. Seine Betonungen auf »Panoramablick« und »Pracht« lassen einen das »fast« fast überhören. Aber eben nur fast.

WAS IST DRAUS GEWORDEN?

Kurz nach den Dreharbeiten ist der fast vollprächtige Panoramablick tatsächlich geschaffen worden. Offensichtlich wollte man sich doch nicht allzu lange mit den Bäumen arrangieren. »Die Bäume am Schleusenpark, die zum Zeitpunkt Ihrer Aufnahmen die Sicht vom Wiker Balkon versperrt hatten, wurden kurz darauf abgeholzt«, schreibt die Presseabteilung der Stadt Kiel. »Die Bäume wurden entfernt, um die Blickachsen auf Nord-Ostsee-Kanal und Kieler Förde frei zu machen.« Und wirklich, der Blick ist nun – bis auf fünf Bäume – ziemlich frei: vor allem auf halb verfallene Lagerhallen, die unterhalb der Plattform stehen. Die kann man sehr deutlich erkennen, die Schleuse dahinter jedoch weiterhin nur eingeschränkt. Alle, die Schiffe gut sehen und von Nahem erleben wollen, können ja immer noch ein paar Meter weiter laufen oder die alte Plattform direkt am Kanal aufsuchen.

Die Stadt hat diese Bäume mittlerweile fällen lassen. Nun blickt man statt auf Blattwerk auf halb verfallene Häuser. Die Schleuse sieht man weiterhin kaum.

Anreise

Der Wiker Balkon findet sich in der Herthastraße 30, 24106 Kiel. Die direkt am Kanal liegende »Aussichtsplattform Schleuse« hat die Adresse Maklerstraße 1, 24159 Kiel. Während der Wiker Balkon rund um die Uhr zugänglich ist, öffnet die überdachte Plattform an der Schleuse täglich von 10 bis 18 Uhr.

GEPRÜFT

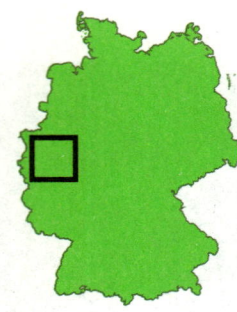

Die schönsten Aussichtsplattformen in NRW

Nordrhein-Westfalen ist das Land für Ästheten, das Land für Weitblicker. Um ästhetisch weit blicken und die Schönheiten des Landes in ganzer Pracht erfassen zu können, gibt es hier eine ungewöhnliche Häufung an Aussichtsplattformen. Allesamt von beeindruckender Architektur bieten sie wahrlich atemberaubende Aussichten – zumindest für den, der sich auf diese besonderen Ausgucke auch einlässt und ihre Sinnhaftigkeit erkennen kann. Denn eigentlich wird man den Konstruktionen mit dem schnöden, technokratischen Wort »Aussichtsplattform« nicht gerecht. »Kunst im öffentlichen Raum« trifft es weitaus genauer. Bestes Beispiel dafür: die Aussichtsplattform von Pulheim bei Köln. Natürlich bringt sie alles mit, was eine Aussichtsplattform so braucht. Ein Geländer, eine Plattform und einen herrlichen Ausblick! Und doch unterscheidet sie sich von gewöhnlichen Konstruktionen dieser Art. Sie ist nämlich lediglich 77 Zentimeter hoch.

Die Menschen sind begeistert. Endlich können sie ihre Umgebung so ganz anders wahrnehmen und erleben. So 77 Zentimeter höher. »Man steht etwas höher«, stellt ein Passant treffend fest. Ob man mehr sehe als ohne Plattform, könne er nicht sagen. »Da müsste man es relativ hoch noch machen.« Noch höher? Immer höher, schneller, weiter? Was sagt das eigentlich über unsere Gesellschaft aus? Genau

Dank dieser Plattform erschließt sich den Pulheimern eine ganz andere Perspektive auf ihre Umgebung.

diese Fragen wirft die Plattform auf! Denn wenn es allein um den Panoramablick ginge, den es an dieser Stelle zu genießen gilt, dann würden ja auch die beiden Parkbänke genügen, die ohnehin schon zu diesem Zweck dort stehen. Nein, die 8.500 Euro für die 77 Zentimeter hohe Plattform, die waren eine Investition in eine Form von Bewusstmachung, die Pulheim dringend gebraucht hat. Das wissen auch die Aussichtsspezialisten von der Stadt Pulheim, die für die Aussichtsplattform verantwortlich sind. »In dem Moment, wo ich jetzt hier auf die Kanzel steige, erlebe ich diese Aussicht ganz bewusst«, sagt Martin Höschen, während er ganz bewusst die wenigen Stufen zur Plattform hinaufsteigt. »Viel bewusster wahrscheinlich, als wenn ich jetzt einfach nur am Wegesrand stehen würde. In Verbindung mit den Infotafeln, die hier noch angebracht werden, erlebe ich diese Aussicht jetzt ganz intensiv.« Das intensive Erleben der Aussicht, dieses einzigartige Blickerlebnis in Pulheim, dafür sind die 77 Zentimeter da. Ohne die – unmöglich!

»In dem Moment, in dem ich jetzt hier auf die Kanzel steige, erlebe ich diese Aussicht ganz bewusst.« Martin Höschen von der Stadt Pulheim weiß, wofür die 77 Zentimeter gut sind.

Ein anderes Konzept verfolgt die Aussichtsplattform in Herten bei Recklinghausen. Mit ihren sechs Metern Höhe ist sie um einiges größer als die Aussichtsplattform von Pulheim. Das Besondere hier ist eher ihre Lage. Ihr Clou ist nämlich: Sie befindet sich auf dem Gipfel einer stillgelegten Kohlehalde.

Das ist natürlich sehr clever. So wird quasi der natürlichen Aussichtsplattform des Gipfels eine künstliche

Das ist ja wohl der Gipfel! Genau, und deswegen wurde auf die Halde Hoheward noch eine Aussichtsplattform gebaut, für die Beziehung oben/unten, wie Ulrich Carow erklärt.

hinzugefügt, die im Prinzip denselben Blick auf die Umgebung vermittelt – in diesem Fall auf die ehemalige Zeche Ewald, die sich dort befindet. Wenn das keine geniale Idee mit Hintergedanken ist! »Wir haben speziell für diesen Standort hier eine besondere Aussichtsplattform errichtet, die die Blickrichtung mit dem ehemaligen Ewald-Standort in der Beziehung von oben nach unten und von unten nach oben besonders organisieren soll«, erklärt Ulrich Carow vom Regionalverband Ruhr. Und seinen Worten ist im Prinzip nichts hinzuzufügen. Versteht sich ja von selbst. Oben unten, unten oben. Und das auch noch besonders organisiert. Chapeau! Das kann der Gipfel der Halde ohne Plattform natürlich nicht leisten.

»Den Besucher erwartet jetzt hier eine ganz andere Atmosphäre«, erklärt Carow weiter, während er auf der Aussichtsplattform steht, »weil er jetzt zwar hier nicht in einem geschlossenen Raum ist, aber er ist jetzt hier noch auf einem

Oben der Blick von der Plattform, unten der Blick von unterhalb der Plattform. Doch dort wird die Aussicht nicht so emotional organisiert.

speziellen Plateau. Und dieses spezielle Plateau gibt emotional, jedenfalls merke ich das auch so, noch mehr, als wenn er nur auf der großen weiten Ebene geblieben wäre.« Welche Aussichtsplattform kann das schon von sich behaupten? Rein von der Emotionalität ist der Blick von der Plattform nicht mit der herkömmlichen Aussicht zu vergleichen. Der Bund der Steuerzahler hat dafür leider so gar kein Auge.»Man muss nicht alles haben, was annehmlich ist. Oder was wünschenswert ist. Man muss auch ganz klar Prioritäten setzen, und Aussichtsplattformen auf dem Gipfel, das hat keine Priorität«, findet Bärbel Hildebrand. Da erkennt wohl jemand offenkundig nicht den Nutzen der Installation. Ulrich Carow vom Regionalverband Ruhr erklärt es gerne noch mal:»Wenn man darauf steht, hat man natürlich nur ein paar Meter mehr Überblick, als wenn man da vorne steht, aber das ist ein Gestaltmerkmal, was eben auch seinen Nutzen hat.« Eben! Stichwort: Beziehung von unten und oben. Und umgekehrt. So viel Nutzen für nur 165.000 Euro. Und das Beste: Nur zehn Kilometer weiter steht noch eine Plattform auf dem Gipfel einer Halde. Auf der Halde Pluto in Herne. Die Aussichtsplattform dort ist ganze fünf Meter hoch.»Da sieht man auf jeden Fall mehr als von unten«, ist Ulrich Carow überzeugt. Auch hier haben sich die 120.000 Euro mehr als gelohnt. In der Ferne sieht man ein Stadiondach, ein Kraftwerk und eine Müllhalde. Das ist doch eine bemerkenswerte Aussicht.

Apropos bemerkenswerte Aussicht. Da darf die Aussichtsplattform am Stadtrand von Köln nicht unterschlagen werden, idyllisch gelegen direkt an der Autobahn 1. Hier wird der aussichtsplattformaffine Betrachter besonders herausgefordert. Denn die 2013 neu gebaute Aussichtsplattform hat streng genommen keine Aussicht. Zumindest keine,

Nur rund sechzig Meter von der sechsspurigen A 1 entfernt steht dieses Meisterwerk der Aussichtsplattform-Architektur. Schlappe 90.000 Euro hat es gekostet.

die klassischerweise eine Aussichtsplattform rechtfertigen würde.

Aber genau darin liegt ihr Charme. Denn sie wirft erst einmal Fragen auf. »Warum hier ein acht Meter hoher Stahlturm hin muss, das ist unbegreiflich, wie man so was in so eine Landschaft hineinbauen kann«, bricht es aus einem Passanten heraus. Und das ist das Schöne: Die Aussichtsplattform bringt ihre Besucher dazu, sich mit sich selbst und ihrer Umwelt zu beschäftigen. Wann macht man das heutzutage noch? Gut, die Leute von der Stadt meinen, man hätte hier auch einen großartigen Blick, und haben die Plattform deshalb »Domblick« genannt. Joachim Bauer von der Stadt Köln zum Beispiel findet: »Von dort werden Sie ein Stadtpanorama sehen, das geprägt ist natürlich durch die besonderen Silhouetten wie Dom, Fernsehturm und so weiter. Das ist eine Situation, die gibt's im Stadtgebiet nicht noch mal.« Das stimmt natürlich auch. Zumal das Stadtgebiet relativ weit entfernt ist, nämlich genau neun Kilometer. Von hier hat man

53

tatsächlich einen fantastischen, weil so ungewohnten Blick auf die pulsierende Großstadt Köln mit all ihren ikonografischen Wahrzeichen, wenn man sie auf die Entfernung denn erkennen kann.

»Wer stellt sich denn hier hin und guckt auf den Dom?«, fragt ein anderer Mann. Schade, dass sich wahre Kunst nicht jedem erschließt. Dabei sind die 90.000 Euro, die die Plattform gekostet hat, doch extrem gut angelegt. »Wahrscheinlich soll man den Stau auf der Autobahn gut beobachten können. Ansonsten, finde ich, ist es Geldverschwendung«, beschwert sich eine Frau, die ungläubig zur Aussichtsplattform schaut. Aber wann kann man schon mal in Ruhe einen Stau beobachten? Gut, wenn man sich in einem befindet. Aber warum nicht einfach mal mit der Familie aus der Stadt rausfahren, auf die Aussichtsplattform steigen und dann wechselseitig erst die Stadtsilhouette, dann den Stau auf der Autobahn betrachten?

Weil sich vielleicht doch nicht alle für Stau interessieren, hat die Stadt ein Stück weiter noch eine Aussichtsplattform

»Domblick« heißt die Aussichtsplattform. Und den Dom sieht man ja auch von hier. Dort, ganz hinten, da ist er, nur neun Kilometer entfernt.

aufgestellt. Sie wiederum bietet einen atemberaubenden Blick auf Felder.

Und weil man sich an diesen Feldern kaum sattsehen kann, baut die Stadt etwas weiter gleich noch eine Aussichtsplattform! Um auf noch mehr Felder schauen zu können.

»Von da kann der Besucher jetzt diese Landschaft beobachten, die Tiere dieser Landschaft beobachten, aber auch die Jahreszeiten beobachten und letztendlich auch Ackerbau«, schwärmt Joachim Bauer von der Stadt Köln. »Wenn der Landwirt seinen Acker pflügt, wenn er erntet. All diese Dinge, die der Großstädter so nicht mehr wahrnehmen kann.« Herr Bauer muss das wissen. Endlich kann der geneigte Großstädter die Rüben beim Wachsen beobachten, den Regen beim Fallen, den Wind beim Wehen, und das zu jeder Tages- und Jahreszeit. Wenn das nichts ist! Und deshalb hat die Stadt eine weitere Aussichtsplattform gebaut! Auch mit bestem Blick auf Felder, sie heißt daher treffenderweise »Belvedere Felderblick«. Ganze achtzig Zentimeter ist sie hoch. Auch hier gilt: Die Felder sehen aus achtzig Zentimetern Höhe komplett anders aus! Für diese vier Aussichtsplattformen sind 218.000 Euro Steuergeld ausgegeben worden. Achtzig Prozent davon kamen von der Europäischen Union, vom Bund und vom

»In Nordrhein-Westfalen fallen pro Jahr 6,4 Prozent der Unterrichtsstunden aus. Immer mehr Unterrichtsstunden werden fachfremd unterrichtet. Geschichte vom Sportlehrer, Englisch vom Biolehrer, Mathe vom Kunstlehrer. Ja, es gibt in NRW inzwischen Schulen, wenn die eine Kurvendiskussion machen, dann fangen die an mit Aktzeichnen.«

Land Nordrhein-Westfalen, zwanzig Prozent von der Stadt Köln. Man baut halt gerne Aussichtsplattformen im Raum Köln. Da ist es nun wirklich nebensächlich, dass es gar nicht so viele schöne Aussichten wie Plattformen gibt.

Nicht nur die Autobahn kann dank der vier Plattformen betrachtet werden, auch Felder stehen im Fokus. Und Ackerbau, der darauf stattfindet.

Um zur 77-Zentimeter-Plattform zu kommen, biegt man im Pulheimer Ortsteil Stommeln von der Bruchstraße in die Hagelkreuzstraße ab. Ein Wirtschaftsweg führt sodann rechts durch die Felder. Auf ihm erreicht man nach rund dreihundert Metern die einzigartige Aussichtsstelle in der Bruchstraße, 50259 Pulheim-Stommeln.

Die Ewald-Empore liegt oberhalb der gleichnamigen früheren Zeche auf der begrünten Halde Hoheward. In einem der industriellen Backsteinbauten am Fuße der Halde ist ein Besucherzentrum eingerichtet, das täglich (außer Montag) von 10 bis 18 Uhr geöffnet hat und über die Bergbaugeschichte in der Region informiert (www.landschaftspark-hoheward.de). Es liegt in der Werner-Heisenberg-Straße 14, 45699 Herten. Unweit davon befinden sich ein Café und ein Biergarten.

Die vier Aussichtsplattformen im Westen Kölns befinden sich alle im »Landschaftspark Belvedere«, am besten zu erreichen über den Carl-von-Linné-Weg oder den Vogelsanger Weg in 50829 Köln. Von hier führen Feldwege zu den Gestängen. Wer nur einen flüchtigen Blick aus dem Autofenster auf die Plattform »Domblick« werfen möchte, der sollte auf der A 1 zwischen den Anschlussstellen Köln-Lövenich und Köln-Bocklemünd rechts aus dem Fenster schauen.

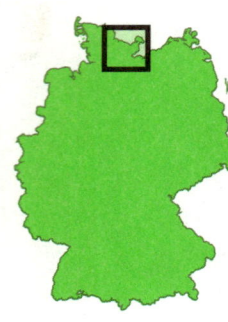

Der Kletterfelsen von Bad Segeberg

Liebe Leserin, lieber Leser, an dieser Stelle wenden wir uns direkt an Sie. Wir bei extra 3, wir Satiriker, wir jonglieren häufig mit schwierigen und schwer verdaulichen Sachverhalten. Das ist unser Job. Steuerverschwendungen, Behördenirrsinn und Ärger, Ärger, Ärger – wichtig und richtig, darüber zu berichten und zu schreiben. Aber ganz selten, von Zeit zu Zeit, da freuen wir uns über die einfachen Dinge. Wie zum Beispiel über den Kletterfelsen von Bad Segeberg in Schleswig-Holstein. Denn manche Realsatiren erschließen sich sofort, da reicht ein einziges Bild. Und deswegen – ohne weitere Worte zu verlieren – hier für Sie der von der Wohltätigkeitsorganisation Lions Club für einen Kinderspielplatz gestiftete Kletterfelsen von Bad Segeberg. Bitte schön:

Bad Segebergs bestes Stück – der Lions Club hat diesen ganz besonderen Kletterfelsen gesponsert.

Ja, so haben wir auch geguckt, als wir ihn zum ersten Mal gesehen haben. Und die Bad Segeberger auch. Und natürlich die Touristen. Oder wie sagt der Bürgermeister Dieter Schönfeld so schön: »Ich wurde schon gefragt: ›Wo geht's zum Penis von Bad Segeberg?‹«.

Der Bürgermeister selbst besteht übrigens darauf, dass er in dem Klettergerät keinen Lümmel sieht. Vielleicht hat er einfach noch nicht genau hingesehen. Es ist nämlich eine Frage der Perspektive:

Nur von der Seite betrachtet wirkt der Beton-Koloss wie ein Phallus-Koloss. Trotzdem ist ganz Bad Segeberg in freudiger Erregung. So was hat es hier noch nie gegeben. »Er wird schon der Dödel von Segeberg genannt«, sagt eine Passantin.

Von vorne sieht der Kletterfelsen ganz normal aus. Ausschließlich von der Seite betrachtet ist er ein Objekt der Erregung.

Kai Gräper vom Lions Club gesteht zu, dass man in dem von seinem Verein gestifteten Kletterfelsen durchaus ein männliches Körperteil sehen kann.

Die Stadt ist somit um ein Gesprächsthema reicher, der ortsansässige Lions Club hingegen um rund 20.000 Euro ärmer. So viel hat das Klettergerüst samt Dödel-Imitat nämlich gekostet. Und Kai Gräper, der Präsident vom Lions Club Bad Segeberg, gibt rundheraus zu: »Man kann da auch ein männliches Körperteil, sprich einen Penis, draus sehen.«

Sprich: einen Penis, einen Pimmel, Lümmel, Dödel, Schniedel und so weiter. So sieht er nämlich aus. Dass das Ganze so nicht gewollt und ein Missgeschick war, liegt natürlich auf der Hand. Oder wie Gräper sagt: »Wir wollten ein einmaliges Spielgerät schaffen, was es sonst so nicht gibt.«

Das ist ihnen zweifelsfrei gelungen! Trotzdem will der Lions Club noch mal Hand

»Schleswig-Holstein ist laut *Glücksatlas 2016* das glücklichste Bundesland Deutschlands. Die Menschen in Schleswig-Holstein sind am glücklichsten. Warum auch immer. Ich vermute, es ist der große Abstand zu Bayern.«

anlegen an das gute Stück. Zu groß ist die Aufregung in Bad Segeberg. Und deswegen kommen extra zwei Spritzbetonexperten (ja, so heißen die tatsächlich) aus Süddeutschland, um den Penis zu beschneiden und so die phallische Seite des Klettergerüsts umzumodellieren. Denn für Gräper ist klar: »Der Penis-Eindruck soll weg!«

Schade! Denn damit verliert Bad Segeberg leider seinen größten touristischen Höhepunkt.

nreise

Der ehemalige Kletterpenis kann im Zentrum Bad Segebergs bestiegen werden. Er steht auf einem Spielplatz auf der Backofenwiese unweit des Großen Segeberger Sees, erreichbar über die Straße An den Kirchhöfen, 23795 Bad Segeberg. Direkt vor der Wiese befindet sich ein großer Parkplatz.

GEPRÜFT

Laubirrsinn in
Oldenburg

SEITE 89

Brötchenpolizei
von Celle

SEITE 84

Zu lange Tische
in Berlin

SEITE 64

Illegale
Solaranlage
in der Lausitz

Reverse
Graffiti in Köln

SEITE 94

SEITE 78

Nazi-Kennzeichen
in Sachsen

So nicht!

Behörden im Regulierungswahn

Nicht alles, was sinnvoll und naheliegend ist, ist auch erlaubt. Jedenfalls nicht in Deutschland, dem Land der Richtlinien und Verbote. Wo kommen wir denn da hin, wenn jeder macht, was er will? Brötchen essen auf dem Wochenmarkt etwa, öffentliche Wände reinigen oder Rohre von Laub befreien. Für all das gibt es strenge Vorgaben, abgefasst in der klarsten Sprache der Vernunft: Beamtendeutsch. Diese Sprache gilt überall, ob in der tiefsten Lausitz oder dem trendigen Berlin. Wer diese Sprache nicht versteht, dem wird hier auf die Sprünge geholfen: unser Crashkurs in Sachen Bürokratie.

Zu lange Tische in Berlin- Friedrichshain

Auf dem Bürgersteig schieben Väter mit akkurat gestutzten Vollbärten Vintage-Kinderwagen, Mütter mit Lastenfahrrädern fahren zum Biomarkt. Von Michael Näckels Restaurant Papaya in Berlin-Friedrichshain aus lässt sich das Szeneleben im Simon-Dach-Kiez gut beobachten. Der Gastronom trägt Jackett, als er auf seine sechs Außentische in der Krossener Straße jeweils eine kleine Vase mit einer Lilienblüte stellt. Hier draußen nimmt man direkt teil am bunten Geschehen rund um den Boxhagener Platz. Berlin ist hier großstädtisch und frei.

Dem Bezirksamt Friedrichshain-Kreuzberg geht es jedoch etwas zu ungezwungen zu: Im Laufe der vergangenen Jahre verschärfte das Ordnungsamt die »Genehmigung für Herausstellen von Tischen und Stühlen« kontinuierlich. Näckels Gäste mussten immer dichter zusammenrücken.

Michael Näckel zeigt die Grenze, bis zu der er früher seine Tische stellen durfte. Doch dann hat das Ordnungsamt genau nachgemessen und erkannt: Näckels Möbel verhindern das gefahrlose Queren zweier Passanten.

13 Jahre lang durften die Außenmöbel bis zu 1,45 Meter – gemessen von der Hauswand aus – in den öffentlichen Raum hineinragen. 2015 ist die Sondernutzungserlaubnis jedoch geändert worden. »Im 14. Jahr wurde uns gesagt, dass wir nur noch eine Aufstelltiefe von einem Meter nutzen dürfen. Aus Gründen der Verkehrssicherheit«, sagt Näckel.

Peter Beckers, im Sommer 2016 stellvertretender Bezirksbürgermeister und Mann der Zahlen, zitiert die Vorschriften: »Es gibt ein ganz klares Verfahren, welche Flächen zur Verfügung stehen müssen. Und eine dieser Flächen ist eben eine Mindestdurchgangsbreite für die Fußgänger von 1,50 Meter.« Das sei die Voraussetzung dafür, dass mindestens zwei Personen »sich queren können« – also aneinander vorbeigehen.

So steht es in den amtlichen »Prüfkriterien Sondernutzung (gemäß § 11 Berliner Straßengesetz auf Gehwegen)«. Bei einer Messung vor Ort war aufmerksamen Ordnungsamtsmitarbeitern eine zu geringe Durchgangsbreite aufgefallen. Dabei könnte man als Laie auf den ersten Blick meinen, es hätte zwischen Näckels 1,45 Meter tiefen Tischen und der Bordsteinkante deutlich mehr als 1,50 Meter freie Fläche für die gefahrlose Querung zweier Fußgänger zur Verfügung gestanden. Das stimmt zwar auch, aber so rechnen die Sondernutzungsprofis vom Amt nicht.

Denn unter dem Punkt »Generell maßgebliche Mindestmaße« geben die Prüfkriterien klar vor, wo exakt sich die 1,50 Meter für Fußgänger befinden müssen: »Die Fläche zum Passieren für Fußgänger muss immer innerhalb der baulich angelegten Laufbahn (›breite Platten‹) verbleiben.« Um das zu verstehen, muss man sich mit den Feinheiten im Aufbau des Berliner Bürgersteigs befassen. Dieser besteht, was viele gar nicht wissen, nicht einfach nur aus einem Gehweg. Nein, der Berliner Bürgersteig ist von Amts wegen dreigeteilt, wie Beckers erläutert: »Er ist aufgeteilt in Unterstreifen, Oberstreifen, und dann gibt es den Gehweg selber.« Die Laufbahn, wie der Gehweg auch genannt wird, liegt zwischen Ober- und Unterstreifen.

Da die mit breiten Granitplatten ausgelegte Laufbahn vor Näckels Restaurant jedoch nur einen Meter Breite aufweise, so das Amt, müsse der zusätzlich benötigte halbe Meter vom Oberstreifen abgezwackt werden, der jahrelang komplett von den Tischen belegt war. Entsprechend kleiner falle die fortan genehmigte Aufstellfläche aus.

Näckel legt Widerspruch gegen diese Beschneidung ein, mit dem Argument, dass doch auch der Unterstreifen für Fußgänger als ausreichend breite Ausweichfläche zur

Oberstreifen, Laufbahn und Unterstreifen: Der Berliner Bürgersteig ist klar aufgeteilt.

Verfügung stehe. »Ein Ausgleich der fehlenden 0,5 Meter durch Einbeziehung des Unterstreifens kommt nicht in Betracht«, heißt es in der Ablehnung des Widerspruchs durch das Bezirksamt. Der Unterstreifen sei vorgesehen für die Aufstellung von Fahrrädern, Parkscheinautomaten, Verteilerkästen, Lichtmasten oder Bäumen. Für Fußgänger jedoch ist er offenbar behördliche Terra incognita. Auch vor Näckels Lokal, wo weder Fahrradbügel noch Baum stehen und wo kein Lichtmast oder Verteilerkasten zu finden ist.

Doch das sei kein Argument, so das Amt im Widerspruchsbescheid. Denn Ziel sei es, dass »die Fußgänger im gesamten Gehwegverlauf einer Straße geradlinig geführt werden«. Und das sei in der Krossener Straße nicht möglich, da »im Unterstreifen sowohl Straßenbäume, Verkehrszeichen usw. vorhanden sind, die eine geradlinige Führung der Laufbahn unmöglich machen«. Weil also irgendwo Bäume stehen, kann man es keinem Passanten zumuten, vor Näckels Lokal – wo nichts auf dem Unterstreifen steht – kurz auf diesen auszuweichen. Denn dann würden die Fußgänger ja nicht mehr konsequent geradlinig geführt.

Daher muss Näckel investieren: »Wir kamen nicht umhin, uns diese neuen Tische und Stühle anzuschaffen, weil die alte Bestuhlung auf dem wenigen zur Verfügung stehenden Platz nicht mehr passte.«

WAS IST DRAUS GEWORDEN?

Ein knappes Jahr, nachdem der Gastronom neue Außenmöbel gekauft hat, erhält er Anfang 2016 noch einmal Post vom Bezirksamt. Eine erneute Einschränkung der Fläche sei aus Gründen der Verkehrssicherheit erforderlich, heißt es darin nahezu wortgleich wie ein Jahr zuvor. »Wir bekamen dann nicht mehr den einen Meter genehmigt, sondern nur noch 97 Zentimeter«, sagt Näckel.

Die Fußgänger haben laut Ordnungsamt auch vor der bereits auf einen Meter gekürzten Aufstellfläche nach wie vor zu wenig Platz. Die Ordnungsamtsmitarbeiter kommen bei einer erneuten Messung nur auf eine deutlich geringere Durchgangsbreite als die erforderlichen 1,50 Meter – auf 1,47 Meter. Da fehlen drei Zentimeter für das sichere Queren zweier Personen – und das geht gar nicht. »Das ist die Arithmetik des Amtes«, sagt Näckel nüchtern.

Doch was soll Näckel nun tun? Er steht vor einem großen praktischen Problem: »Es gibt keine entsprechend konfektionierten Tische, die exakt eine Tiefe von 97 Zentimetern haben, es ist kein übliches Maß.«

Auf dem Amt erkennt man durchaus diese gewisse Schwierigkeit für den Gastwirt: »Er muss sich was einfallen lassen«, sagt Beckers. Und Michael Näckel fällt etwas ein: Er kramt Sicherheitshandschuhe, Plastikbrille und Stichsäge hervor – und schreitet zur Tat.

Mit ruhiger Hand kürzt er alle sechs Tische um drei Zentimeter. Und die zwölf Bierbänke ebenfalls. Nun ist die eine Kante

Ordnungsamtsleiter Peter Beckers reagiert unwirsch, als er auf Näckels Kritik an den strengen Auflagen angesprochen wird: »Ich kann keinen Gehweg neu bauen.« Und die Vorschriften müssten nun einmal eingehalten werden. Auch wenn es nur um wenige Zentimeter geht.

zwar nicht mehr abgerundet und lackiert, aber – und das ist viel
wichtiger: »Wir haben damit den Auflagen des Amtes Genüge
getan. Der Fußgänger hat nun drei Zentimeter mehr Bewe-
gungsraum«, sagt Näckel und nimmt sich die Schutzbrille ab.

Er klopft sich das Sägemehl vom Jackett und sammelt die
abgesägten Drei-Zentimeter-Holzstücke vom Bürgersteig
auf. Die will er aufbewahren. Für alle Fälle. Falls das Bezirksamt es sich irgendwann noch einmal anders überlegt – und
wieder einen Meter breite Außentische genehmigt: »Wir
könnten das bei dieser wunderbar glatten Schnittkante problemlos wieder ankleben.«

Das Restaurant Papaya Noodles & Soup hat täglich
von 12 bis 23 Uhr geöffnet, Krossener Straße 15, 10245
Berlin-Friedrichshain.

GEPRÜFT

Die illegale Solaranlage im Lausitzer Kohlegebiet

Brandenburg ist Braunkohleland. Ganz Brandenburg? Nein, ein kleines wackeres Dorf in der Lausitz widersetzt sich den gefräßigen Stahlklauen der Riesenbagger, die den Boden auf der Suche nach ertragreichen Flözen durchpflügen und nichts übrig lassen außer einer löchrigen Mondlandschaft. Dieses Dorf heißt Atterwasch und seine mutigen Vorkämpfer versammeln sich an einem sonnigen Tag im Mai 2016 vor dem schmucken Pfarrhaus neben der Kirche.

Auf dessen Dach prangt zwischen silbrig und schwarz changierend das Symbol des Atterwascher Protests gegen die Zerstörung der Landschaft: eine Photovoltaikanlage.

»Wir wollten demonstrieren, dass man auch auf moderne und umweltgerechte Art Energie gewinnen kann«, sagt Gemeindekirchenrat Martin Pehle. Die örtliche Landtagsabgeordnete Monika Schulz-Höpfner ergänzt: »Die Politik hat eine Energiewende ausgerufen und wir als Atterwascher wollen uns an der Energiewende beteiligen und damit auch ein Zeichen setzen.« Dieses Zeichen kommt an: Die Gemeinde gewinnt mit ihrer Idee, mitten im Braunkohlegebiet eine Solaranlage zu errichten, den Ökumenischen Umweltpreis 2015.

Doch nicht nur Preisrichter werden auf die Anlage aufmerksam, auch der Landkreis Oder-Spree schaltet sich ein,

Die Photovoltaikanlage auf dem Atterwascher Pfarrhaus soll mitten im Braunkohle-Abbaugebiet Lausitz ein Zeichen setzen – für nachhaltige Stromerzeugung.

direkt nachdem die Anlage montiert wurde: »Prompt den nächsten Tag stand schon eine Frau vom Ordnungsamt vor der Tür«, erinnert sich Kirchenmitglied Christian Huschga. »Die Frau sagte ›Bitte abbauen und das geht so nicht. Auf keinen Fall lassen wir das zu.‹«

Denn die Anlage ist höchst illegal, ein sonnenbeschienener Schwarzbau. Die Bauanträge der Kirchengemeinde seien mehrmals abgelehnt worden, sagt Olaf Lalk, Chef vom Ordnungsamt des Landkreises. »Danach ist dann – man hat es in Atterwasch immer als zivilen Ungehorsam bezeichnet – diese Photovoltaikanlage widerrechtlich auf dem Dach errichtet worden.« Dass sie niemals zulässig sein könne, ergebe sich aus der besonderen baulichen Situation mit der über siebenhundert Jahre alten Kirche und dem hundertsechzig Jahre alten Pfarrhaus – und zwar »mit der Begründung, dass sich diese Photovoltaikanlage in das bestehende Denkmalensemble Pfarrhaus/Kirche nicht einpasst und dort dieses Gesamtbild nicht bestätigt beziehungsweise dieses Gesamtbild verunstaltet«.

Lalk holt ein Foto von 1910 hervor und zeigt aufs Pfarrhausdach: Gerade auch die »harmonischen Dachflächen«, die man dort sehe, seien schützenswert.

Diese werden aber nun aus Amtssicht mit der offenbar extrem verunstaltenden Solaranlage infrage gestellt. Aber auch ein anderes Projekt bedroht die »harmonische Dachfläche« – streng genommen sogar ein bisschen mehr, wie Lalk in nüchternen Worten der Bürokratie zugeben muss: »Der Bergbautreibende hat den Tagebau Jänschwalde-Nord für die Planung angemeldet. In dieser Anmeldung ist auch Atterwasch vorgesehen für eine Devastierung.«

Das vom schwedischen Energiekonzern Vattenfall geplante Abbaugebiet Jänschwalde-Nord schließt neben Atterwasch auch die Ortschaften Grabko und Kerkwitz ein,

Olaf Lalk hält die Anlage auf dem Pfarrhaus für nicht genehmigungsfähig, da sie die »harmonischen Dachflächen« zerstöre.

denen ebenfalls die Devastierung droht. Was sich dahinter verbirgt, erläutert Lalk auf Nachfrage gern etwas genauer: »Devastierung heißt, dass der Ort zurückgebaut und an anderer Stelle wiedererrichtet wird, also die Bewohner dann an anderen Stellen ihre Wohnstätten finden.«

Mit anderen Worten: Atterwasch, Grabko und Kerkwitz sollen für die Braunkohlegewinnung weggebaggert werden, das von Vattenfall beantragte Planverfahren dafür läuft seit 2009. Die »harmonischen Dachflächen« wären dann natürlich auch Geschichte. »Das kann nicht sein, dass hier die Kirche eventuell gesprengt wird, das Pfarrhaus abgebaut wird, und eine Solaranlage können wir nicht ertragen auf diesem Haus«, meint die Politikerin Schulz-Höpfner. »Das ist so widersinnig, wie nur irgendetwas sein kann.« Wer nun meint, die Anwohner sollten lieber mal die Kirche im Dorf lassen, der übersieht, dass bald womöglich weder Kirche noch Dorf vorhanden sein werden.

Im Kohleland Brandenburg ist der Rohstoff nun mal ein strukturbestimmender Faktor. »Es leben viele Menschen von diesem Braunkohleabbau«, sagt Lalk. Für ihn sei die Kohle noch auf lange Sicht ein notwendiger Energieträger. Er sehe daher noch kein Enddatum für die Nutzung dieses fossilen Brennstoffs.

Für die Solaranlage auf dem Pfarrhaus hingegen formuliert Lalk ein klares

»Die Braunkohle, oder wie wir sagen: das Marzipan des Berges, ist das Sicherste, was zum Anfassen und bringt uns eine Menge dufter Vorteile. Immerhin knapp fünfzig Prozent der Braunkohle taugen zur Energiegewinnung. Das heißt, die Ausbeute bei Braunkohle ist höher als bei – sagen wir mal – Hummer! Da schmeißt man ja fast alles weg. Und ein Hummer taugt nur zum Essen. Der Rest brennt nicht mal ordentlich.«

Enddatum, und zwar in einer Rückbauverfügung: »In dieser Verfügung steht deutlich drin, dass bis zum 31. 5. dieses Jahres diese Photovoltaikanlage wieder zurückgebaut werden muss.« Geschieht das nicht und werden die »harmonischen Dachflächen« nicht wieder in den Originalzustand versetzt, werden 3.000 Euro Strafe für die Kirchengemeinde fällig. So will Lalk erreichen, dass die Gemeinde die geltende Gesetzeslage beim Denkmalschutz befolgt.

»Wenn man dieses Haus schützen wollte, dann müsste man es ja eigentlich auch schützen, indem man es stehen lässt und nicht, indem man sagt: ›Wir dürfen keine Photovoltaikanlage drauf bauen, aber für die Kohle abreißen dürfen wir es schon‹«, sagt Christian Huschga. »Wo ist der Sinn? Also das verstehen wir nicht, das versteht niemand hier.«

Na, dann erklärt Herr Lalk das eben noch einmal:

Reporter: »Also die Anlage ist illegal und muss definitiv runter?«

Lalk: »Ja.«

Reporter: »Aber gleichermaßen kann das ganze Dorf inklusive Pfarrhaus weggebaggert werden.«

Lalk: »Das ist richtig. Allerdings muss man das beides ganz klar trennen (...) Wir haben als Untere Behörde Dinge umzusetzen, Dinge ordnungsmäßig zu begleiten, und dazu gehört dann eben auch Denkmalschutzrecht, und auch notfalls bis zum letzten Tag.«

Reporter: »Dann ist irgendwann der letzte Tag erreicht ...«

Lalk: »Hmm.«

Reporter: »Bis dahin hat man alles geschützt und dann kann aber alles weg.«

Lalk: »Ja. Das ist dann ein Prozess, der planerisch vorbereitet wurde und der dann so entschieden wurde.«

Der Totalabriss eines Dorfes, der planerisch vorbereitet wird, steht über dem Denkmalschutzrecht. Eine Solaranlage, die auch als Protest gegen diesen Totalabriss gedacht war, ist hingegen verboten. Das Dach muss bleiben, wie es war, bis das ganze Dorf plattgemacht wird. So ist das im Braunkohleland Brandenburg.

WAS IST DRAUS GEWORDEN?

Aus Furcht vor dem vom Landkreis angedrohten Zwangsgeld hat die Kirchengemeinde am 31.05.2016 die Solaranlage abgebaut. Endlich ist die »harmonische Dachfläche« des Pfarrhauses wiederhergestellt. Allerdings ist jetzt die Sicht auf das denkmalgeschützte Kirchenensemble durch ein Trafohäuschen eingeschränkt, wie Martin Pehle beschreibt: »Irrerweise fuhren am 31. Mai, als wir gerade dabei waren, die Solaranlage abzubauen, Bagger vor der Kirche vor, um das Fundament für das Trafohäuschen vorzubereiten.« Bei der Einfahrt ins Dorf sehe man nun kaum noch etwas von der Kirche, ergänzt Christian Huschga: »Wir müssen das Solardach abbauen und der Landkreis genehmigt einen ›Sichtschutz‹ vor der Kirche. Es ist einfach nicht zu fassen.«

Auf Nachfrage der Gemeinde antwortet der Landkreis schriftlich, dass dazu die Erlaubnis nach Brandenburgischem Denkmalschutzgesetz erteilt wurde. Andere Standorte seien für den Trafo-Betonklotz nicht infrage gekommen.

An dem Tag, als die Solaranlage abgebaut werden musste, wurde der Blick auf die Kirche durch ein Trafohäuschen verstellt – mit Erlaubnis vom Denkmalschutzamt.

Das Planverfahren für den erweiterten Tagebau, der das Ende für Atterwasch bedeuten würde, ist zunächst noch fast ein Jahr lang weitergelaufen, allerdings nicht mehr mit Vattenfall. Die Schweden haben ihre Kohlesparte an den tschechischen Konzern EPH verkauft. Dessen im Oktober 2016 neu gegründete deutsche Tochterfirma Lausitz Energie Bergbau AG (LEAG) hätte nur zu gerne das »Zukunftsfeld Jänschwalde-Nord«, in dem Atterwasch liegt, entwickelt. Doch die Politik macht ihr einen Strich durch die Rechnung. »Wir müssen feststellen, dass seitens der Bundespolitik offensichtlich der Wille besteht, Deutschlands Klimaziele im Wesentlichen auf dem Rücken der Braunkohle zu erreichen«, sagt LEAG-Vorstandschef Helmar Rendez. Bestehende oder abzusehende Eingriffe in die Energiewirtschaft und den Strommarkt würden die langfristigen Planungen infrage stellen, teilt das Unternehmen Ende März 2017 mit. Weil immer mehr Ökostrom gefördert und mit der Kohle absehbar wohl nicht mehr so viel Kohle zu verdienen sein wird, sieht das neue Revierkonzept für die Lausitz keine Inanspruchnahme des Zukunftsfeldes Jänschwalde-Nord mehr vor. »Diese Investitionen sind vor dem Hintergrund der zwischenzeitlich eingetretenen bundespolitischen und wirtschaftlichen Rahmenbedingungen unternehmerisch nicht mehr vertretbar«, erklärt LEAG-Chef Rendez.

Somit bleibt Atterwasch erhalten, dank der denkmalschützerischen Hingabe des Landkreises Oder-Spree die harmonische Dachfläche des Pfarrhauses sogar in ihrer ganzen Pracht. Die Solaranlage hat mittlerweile übrigens einen neuen Standort gefunden. Sie wurde auf einem Stalldach in Atterwasch neu installiert. Dort produziert sie nun wieder Strom.

nreise

Das denkmalgeschützte Ensemble liegt an der Atterwascher Straße, 03172 Schenkendöbern. Die Kirche ist tagsüber in der Regel geöffnet. Der Turm lässt sich bis zur Glockenempore besteigen. Sollte die Kirche verschlossen sein, kann der Schlüssel im Pfarrhaus nebenan abgeholt werden.

GEPRÜFT

Nazi-Kennzeichen in Sachsen

Volker Krüger aus Glauchau ist nicht nur ein ehemaliger Theaterdirektor, er ist auch eine Gefahr für die innere Sicherheit Deutschlands. Denn Volker Krüger trägt offen nationalsozialistische Symbolik zur Schau. Und zwar auf dem Nummernschild seines Autos, das er im Winter fährt. Doch damit ist jetzt ein für alle Mal Schluss. »Seit 15 Jahren habe ich das Nummernschild. Ich melde es im Sommer immer ab, im Winter wieder an. Kein Problem. Ich lasse das

Volker Krüger ist sich keiner Schuld bewusst, dabei verbreitet sein Kennzeichen eindeutig rechtsextremes Gedankengut. (Sehen Sie das nicht auch? Nein? Kleiner Tipp: Es liegt an der Ziffer!)

reservieren beim Landratsamt«, sagt Krüger. »Und dieses Mal wurde mir gesagt, das bekomme ich nicht wieder. Ich verstehe das überhaupt nicht.«

Was gibt es denn daran nicht zu verstehen? Es ist doch offensichtlich. Denn das hier ist Krügers Kennzeichen: GC – RT 28. Der Fall ist eindeutig. Der Vollständigkeit halber sei erwähnt, dass Herr Krüger sich das Kennzeichen nicht selbst ausgesucht hat, es ist kein individuelles Wunschkennzeichen. Die zuständige Behörde hat es ihm vor 15 Jahren so zugewiesen. Doch das ändert nichts an der Tatsache, dass jetzt Tatsachen geschaffen und solche Nazi-Kennzeichen aus dem Verkehr gezogen werden. »Wir haben die Palette der Kennzeichen oder Zahlen, die in bestimmter Kombination nationalsozialistisches Gedankengut verbreiten, einfach reduziert«, sagt Ilona Schilk vom Landratsamt Zwickau.

Und dazu zählt offenkundig auch das Kennzeichen von Volker Krüger. »Das ist für mich ein ganz normales, solides Nummernschild, das seit 15 Jahren existiert und keinerlei negative Ausstrahlung hat«, findet der Autofahrer.

Keinerlei negative Ausstrahlung, Herr Krüger? Sehen Sie es wirklich nicht oder wollen Sie es nicht wahrhaben, dass Ihr Auto eindeutig rechtes Gedankengut verbreitet? Frau Schilk vom zuständigen Landratsamt erklärt es Ihnen gerne: »Die 28 ist es. Jetzt fragen Sie mich bitte nicht, was genau die 28 heißt. Ich könnte mal recherchieren und nachgucken.«

Äh, ja gut, bitte!

»Die 28 steht auf deutsch für Blut und Ehre. Und Blut und Ehre ist eine verbotene, rechtsextremistische Organisation«, hat Schilk recherchiert. »Fragen Sie mich jetzt bitte nicht, was die 28 damit zu tun hat. Es ist einfach so.«

Autokennzeichen

Die Vergabe von Kfz-Kennzeichen ist Ländersache. Deswegen gibt es regional unterschiedliche Bestimmungen, welche Kennzeichen vergeben werden dürfen und welche nicht. Einige Kürzel sind aber in ganz Deutschland verboten. Dabei handelt es sich um Abkürzungen, die bereits im Nationalsozialismus Verwendung fanden: HJ, KZ, SA und SS. Alles andere regeln die Bundesländer. In Hamburg ist zum Beispiel seit Kurzem auch die Abkürzung IS auf Nummernschildern verboten. Und es gibt noch mehr Beispiele: In Bayern musste eine Spedition nach zwanzig Jahren alle ihre Nummernschilder ändern. Denn das HH im Kennzeichen stünde in rechten Kreisen für die Initialen von SS-Reichsführer Heinrich Himmler. Bei der Spedition standen sie für die Initialen des Geschäftsführers.

Mit der Buchstabenkombination AH scheint man in Sachsen keine Probleme zu haben: In Leipzig fahren rund 900 Autos mit den Initialen von Adolf Hitler durch die Gegend. Doch wehe, die Ziffernkombination für AH, also die böse 18, findet Verwendung. Dazu gibt es einen kuriosen Fall aus Zwickau: Ein Taxifahrer musste sein altes Kennzeichen leider aufgeben. Weil sein Taxi kaputtgegangen war, verschaffte er sich kurzfristig einen Ersatzwagen. Für den neuen Wagen wollte er sein altes Kennzeichen zulassen: Z – SG 18. Die mittleren Buchstaben stehen für seine Initialen. Die 18 bezieht sich auf die Taxifahrer-Ordnungsnummer. Abgelehnt von der Zulassungsstelle des Landkreises Zwickau. Die Zulassungsstelle vergibt eine andere Ziffernkombination an den Taxifahrer. Sein amtliches Kennzeichen lautet fortan Z – SG 1800. Das ist natürlich etwas ganz anders. Das Amt argumentiert, dass die zwei Nullen die Nazi-Symbolik nachhaltig verwässern würden. Kein Problem also. Logisch.

Gut, im Landratsamt hat man kleinere Schwierigkeiten, den Sachverhalt zu erklären, aber das macht das kon-
sequente Vorgehen nicht weniger notwendig. Es ist auch
eigentlich ganz einfach: Ersetzt man die Ziffern durch die
jeweiligen Buchstaben im Alphabet – also 2 wird zu B (zwei-
ter Buchstabe im Alphabet) und 8 zu H (achter Buchstabe
im Alphabet) – so gelangt man zu der Abkürzung für die
rechtsextreme und seit dem Jahr 2000 verbotene Organisation Blood and Honour, also Blut und Ehre. Ist doch ganz
einfach. Nur Krüger will das nicht so recht einsehen. Auch,
weil er die Kosten für die neuen Nummernschilder und die
Papiere selber tragen soll. Aber das Amt bleibt hart. Nicht
nur bei der nazimäßigen 28. Auch andere Zahlen sind verboten, wie Frau Schilk erklärt: »Die 14, die 18, 28 und 88,
alles mit 8 und 4.«

Und so bleibt Volker Krüger nichts anderes übrig, als
sein Kennzeichen in die rechte Ecke zu stellen. Also in die

rechte Ecke seiner Garage. Denn fahren wird er damit nicht mehr. In Zwickau und in ganz Sachsen atmet man erleichtert auf: So bekommt man hier das Nazi-Problem endlich in den Griff! Als Nächstes könnte das Landratsamt sich ja mal die Hausnummern vornehmen! Oder mal in Hamburg Bescheid sagen. Da sollen ja auffällig viele Autos mit dem Kennzeichen HH herumfahren. Und das ist ja eindeutig ein versteckter Gruß an Adolf Hitler, oder?

»Wir halten fest: Nummernschilder mit 28 sind verboten – die NPD bleibt erlaubt. Sagt das Bundesverfassungsgericht. Die NPD, der parlamentarische Arm des deutschen Alkoholismus ist verfassungsfeindlich, wird aber nicht verboten. Klar, viele freuen sich, Björn Höcke (AfD) zum Beispiel. Wenn die NPD verboten worden wäre, hätte er gar nicht mehr gewusst, wo er seine Reden abschreiben soll. Ich kann's in gewisser Weise verstehen: Natürlich hätte ein NPD-Verbot gewirkt, als hätte man einer Leiche noch Sterbehilfe gegeben. Aber ist diese Argumentation des Gerichts – also: gefährlich, aber unbedeutend – nicht etwas seltsam? Ich meine, das ist, als würde Melania Trump sagen: Mein Mann ist kein Sexist, dafür ist sein Penis viel zu klein. Das wäre genau dieselbe Logik! Und mit dieser Logik könnte auch die NPD im Wahlkampf argumentieren: Wenn ihr wollt, dass wir verboten werden, müsst ihr uns vorher wählen!«

Das Kennzeichen gehört eindeutig in die rechte Ecke.

Die Brötchenpolizei von Celle

Wie in fast jedem Ort gibt es auch in Celle einen Wochenmarkt. Doch was hier im tiefsten Niedersachsen so wirkt wie harmloses Einkaufengehen von unbescholtenen Bürgern, ist in Wahrheit ein einziger gottverdammter Sündenpfuhl. Was auf diesem Markt passiert, entbehrt jedweder Vorstellungskraft, denn hier verkaufen Händler am helllichten Tage warme Leberkäsebrötchen – und ihre Kunden essen sie auf der Stelle, vor Ort! Warme Leberkäsebrötchen, das muss man sich mal vorstellen!

Unerhört: Diese Frau isst ihr Leberkäsebrötchen direkt vor Ort am Fleischerwagen auf dem Wochenmarkt. Das ist nicht erlaubt.

Also nicht, dass Leberkäsebrötchen per se verboten wären, das wäre ja komplett behämmert. Nein, auf dem Celler Wochenmarkt geht es primär um den Ort ihres Verzehrs. Der Fischhändler weiß Bescheid und liest aus der Marktsatzung vor: »Auf dem Wochenmarkt in der Altstadt ist es verboten, warme Speisen, die vor Ort zubereitet werden oder an Ort und Stelle verzehrt werden können, anzubieten.«

So ist es. Warme Speisen – wie zum Beispiel Leberkäsebrötchen – dürfen auf dem Wochenmarkt nicht zum direkten Verzehr angeboten werden. Leberkäsebrötchen-Verzehrverbot! Direkt vom Stand etwas essen, wo gibt's denn so was? Zum Glück nicht in Celle! Und das aus gutem Grund. Diese Anordnung bewahrt den Wochenmarkt in der Celler Altstadt vor dem sicheren Untergang. Das weiß auch Stephan Kassel. Der heißt zwar Kassel, arbeitet aber für die Stadt Celle und sagt: »Wir haben in anderen Städten Märkte, wo dies auch dazu führt, dass sich der Charakter von einem Versorgungsmarkt zu einem Lifestyle-Consumer-Markt – wie immer Sie das neudeutsch bezeichnen wollen – verändert.«

Um den Charakter des Marktes als Versorgungsstätte zu erhalten, sollen sich die Bürger hier nicht mit Leberkäsebrötchen oder anderen warmen Speisen versorgen. Und deswegen gibt es hier ganz klare Regeln für den Verkauf der heißen Ware, erklärt die Verkäuferin am Fleischwagen: »Wir dürfen das Brötchen nicht so über die Theke geben. Wir müssen es in eine Tüte einpacken, sodass der Kunde es mitnehmen kann.«

Der Fischverkäufer meint: »Ich find's irgendwie Schwachsinn, ich muss die Brötchen einpacken, in Papier einrollen, der Kunde geht einen Meter weg und rollt das Papier wieder aus und schmeißt es da hinten in die Mülltonne.«

Und die Fleischverkäuferin: »Viele sagen, sie möchten gern mittags mal ganz schnell vorbeikommen, nur was auf die Hand mitnehmen oder gleich essen, so geht das eben nicht. Viele fragen auch mal nach einer Bratwurst, aber das geht halt nicht.«

Nix Bratwurst! Das geht nun mal nicht auf dem Celler Wochenmarkt. Und damit es keine Zuwiderhandlungen jedweder Art gibt, kontrollieren sogar die Mitarbeiter der Marktaufsicht.

Die Aufsicht überprüft allerdings nur die Marktbeschicker, nicht die Kunden. Und zwar laut Kassel im Hinblick auf die »unlautere Anbietung von Speisen, so wie es im Gewerberecht vorgesehen ist, und denen würde natürlich auch auffallen, wenn der Verzehr – also der Verkauf zum Verzehr, um es so ganz deutlich zu sagen – hier stattfinden würde.« Denn eindeutig untersagt ist nur der *Verkauf zum Verzehr* auf dem Wochenmarkt, erklärt Kassel aus Celle: »Dem, der

Genau so etwas soll durch das Verzehrverbot verhindert werden: Der Celler Wochenmarkt soll sich nicht zu einem Lifestyle-Consumer-Markt entwickeln. Schlimm, diese Leberkäse-Hipster.

das Brötchen verzehrt, dem dürfte gar nichts passieren. Denn die Marktsatzung richtet sich an die Anbieter – es geht um das Angebot, was dort feilgeboten wird. Und in dem Moment wo – ganz logisch – wo der Verkauf untersagt ist, dann kann auch nicht verzehrt werden.«

Logisch! So behält der Wochenmarkt seinen Charakter als Versorgungsmarkt und wird nicht zum Lifestyle-Consumer-Gedöns. Also es sei denn, Menschen kaufen sich Bratwürste, Leberkäsebrötchen oder Ähnliches in den Geschäften rund um den Markt herum. Das wiederum ist kein Problem. *Am* Markt kaufen und *auf* dem Markt verspeisen – das geht. Auch das Überqueren des Marktes mit warmen Speisen ist völlig in Ordnung. Aber da kaufen *und* essen? Nicht möglich! Man will schließlich den Markt schützen. Und das geht natürlich am besten mit Verboten und Restriktionen. Denn eine Einschränkung des Angebots trägt sicher zur Belebung des Marktes bei. Irgendwie.

Die Kunden verstehen das nicht so richtig. Sie wollen sich der Ordnungsmacht nicht beugen und so kommt es immer wieder zu illegalem Leberkäsebrötchen-Verzehr auf dem Markt.

Schlimm, diese aufrührerischen Brötchenverzehrer. Und dann auch noch frech werden wie diese Kundin: »Die ganzen Stadträte sollten mal hierherkommen und sich auch ein

»Die Frage nach der vermeintlich richtigen Ernährung ist zu einer hochemotionalen Angelegenheit geworden, ideologisch aufgeladen, sie trägt geradezu militante Züge. Rohkostler gegen Pizzafans, Slow- gegen Fast-Food. Besonders unversöhnlich stehen sich Vegetarier und Fleischfresser gegenüber. Hack- und Innereien-Liebhaber werden als Mörder diffamiert, umgekehrt Makrobiotiker als humorlose Körner-Nazis verspottet.«

Brötchen holen!« Sagt es und beißt genüsslich in ihr illegales Leberkäsebrötchen.

Vergessen Sie Forderungen wie »Gebt den Hanf frei«! Im lasterhaften Celle ruft man »Gebt den Mampf frei!«

WAS IST DRAUS GEWORDEN?

Kurz gesagt: Aus Celle ist das reinste Sodom und Gomorrha geworden. Man darf jetzt nämlich auf dem Markt in der Altstadt warme Speisen zu sich nehmen. Leberkäsebrötchen, Eintöpfe, Bratwürste, alles! Die Pressestelle der Stadt schreibt: »Zum Zeitpunkt des Fernsehbeitrags bestand bereits eine Arbeitsgruppe, in der das Anbieten von Speisen und Getränken zum Verzehr vor Ort thematisiert worden war. Am 18.06.2015 wurde die Wochenmarktsatzung der Stadt Celle dahingehend geändert, dass das Anbieten von Speisen und Getränken zugelassen ist. Danach können rein gastronomische Leistungen als auch gastronomische Nebenleistungen der Marktbeschicker angeboten werden.«

Das heißt also: Schluss mit illegalem Leberkäsebrötchen-Verticken und Unter-der-Hand-Bratwürsten. In Celle haben sich die Markt-Mampfer durchgesetzt!

Anreise

Der Wochenmarkt in der historischen Altstadt von Celle findet jeden Mittwoch und Samstag von 7 Uhr bis 13:30 Uhr statt. Er erstreckt sich vom Markt vor dem Alten Rathaus über die Stechbahn bis hin zum Schlossplatz.

GEPRÜFT

Laubirrsinn in Oldenburg

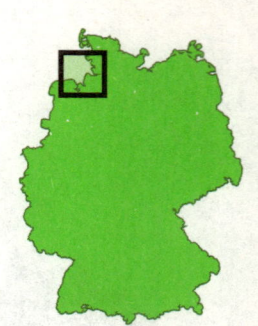

Es ist der ewige Kampf: Gut gegen Böse. David gegen Goliath. Die Jedi-Ritter gegen das Imperium. Und Grabenlaub gegen Straßenlaub. Letzterer wird wohl am härtesten ausgefochten. Zumindest in Oldenburg. Dort ist Laub nicht gleich Laub. Doch nicht nur die Tatsache, dass es verschiedene Arten von Laub gibt, macht hier Probleme. Auch die daraus resultierende fachgerechte Entsorgung sorgt bei den Oldenburgern für Unmut. Dabei ist es so einfach: Grabenlaub darf nicht in den Behälter für Straßenlaub. Logisch! Und Grundstückslaub erst recht nicht. Das wäre schließlich blanker Wahnsinn! Aber diese renitenten Bürger in Oldenburg zeigen dafür wenig Verständnis. Rentner Friedrich Pestrup zum Beispiel, der frecherweise Grabenlaub entsorgen will – also Laub, das vor den Einfahrten der Häuser in seiner Siedlung im Graben liegt. »Ja, dieses Grabenlaub wollte ich jetzt in dem Laubkorb entsorgen, damit die Rohre, die hier unter den Einfahrten durchlaufen, nicht verstopfen. Aber laut der Stadt Oldenburg darf ich dieses ...«, Friedrich Pestrup überlegt kurz, »Grabenlaub! ... dieses Grabenlaub nicht in den Laubkorb werfen«. Richtig erkannt! In den Laubkorb der Stadt Oldenburg darf selbstverständlich nur Straßenlaub!

Beim Thema Laub gibt es einiges zu beachten. Arno Traut ist der Leiter des Abfallwirtschaftsbetriebs in Oldenburg. Wenn sich einer mit Laub auskennt, dann er. »Wir haben

zu betrachten: Laub auf Wegen, wir haben zu betrachten Laub in Gräben und wir haben auch noch irgendwo Laub aus privaten Flächen«, erklärt er, während er auf seinem Schreibtisch in seinem Büro aus einem großen drei kleine Laubhaufen zur Veranschaulichung macht. Rechts Straßenlaub, in der Mitte Grabenlaub und links Grundstückslaub aus privaten Flächen.

Das kann man nun wirklich *nicht* nicht verstehen! »Es kommt alles von einem Baum. Und ich meine, Laub ist Laub«, mosert Friedrich Pestrup, der Grabenlaub-Harker. Ganz schön aufmüpfig, dieser Herr Pestrup! Wie er da so in seinem Garten steht. Als wäre *er* hier der Laubexperte. »Um jetzt von diesem Laub Straßenlaub zu machen, brauch ich es einfach nur auf die Straße zu werfen«, sagt er und wirft eine Handvoll Laub einfach so auf die Straße. »Um davon Grabenlaub zu machen, schmeiß ich es einfach in den Graben.« Eine Handvoll Laub fliegt in den Graben. Und, man ahnt es:

Er ist der Herr über das Laub: Arno Traut vom Abfallwirtschaftsbetrieb. Er erklärt anschaulich die Unterschiede zwischen Straßen-, Graben- und Grundstückslaub.

»Um davon Grundstückslaub zu machen, werf ich es einfach aufs Grundstück.«

Mit Verlaub: Das mag ja richtig sein. Trotzdem kann man diese unterschiedlichen Laubarten nicht wie ein und dasselbe Laub betrachten. Und schon gar nicht entsorgen. Es gilt nun mal die Regel: Grabenlaub ist nicht gleich Straßenlaub! An diese Regel muss sich gehalten werden, findet Arno Traut. »Wenn man das Ganze streng betrachten will, kann man auch mit Ordnungswidrigkeit verfahren, aber so weit wollen wir hier sicherlich nicht gehen.«

Sicherlich nicht! Beim Thema Laub ist aber nun mal nicht alles erlaubt. Das muss auch Laub-Rowdy Pestrup einsehen! »Ja, ich kann mit diesem Laub weiter nix anfangen, als es wieder in den Graben zurückzuwerfen, damit das Gewässer-Reinigungsamt die Möglichkeit hat, dann diesen Graben zu reinigen.« Na also, geht doch! Das ganze Laub wieder

zurück in den Graben, da freuen sich die Rohre! Und überhaupt: Wo kommt man denn in Oldenburg hin, wenn hier jeder in seiner Freizeit irgendwelche Rohre von Laub befreit? Das ist den Profis vorbehalten, die kennen sich schließlich damit aus! So wie Arno Traut vom Abfallwirtschaftsbetrieb, der in seinem Büro immer noch vor den drei Laubhaufen sitzt. »Das sollte privat sein«, sagt er minimal verunsichert und zeigt auf eines der Blätterhäufchen. »Das sollte Straße sein ... Entschuldigung! Und das ... Moment! Jetzt bin ich auch durcheinandergekommen.« Auch Profis haben mal einen schwachen Moment! Beim heiklen Thema Laub kann so etwas schon mal passieren.

In Oldenburg ist es nach wie vor sehr wichtig, den Oldenburgern die Bedeutung der unterschiedlichen Laubarten zu verdeutlichen, nach wie vor. Denn schließlich muss alles an Laub korrekt entsorgt werden. So informiert die Stadt Oldenburg auf ihrer Internetseite über den korrekten Umgang mit den herabgefallenen Blättern. Laub von Privatgrundstücken (also Grundstückslaub, ist klar!) kann kostenlos an den Wertstoffannahmestellen abgegeben werden. Allerdings nur »Kleinmengen bis maximal zwei Kubikmeter«. Alles darüber hinaus kostet. Zum Thema Straßenlaub heißt es auf der Internetpräsenz der Stadt klipp und klar:»Straßenlaub (Laub, das im Rahmen der Straßen- und Gehwegreinigung anfällt) kann in die saisonal im Stadtgebiet aufgestellten Laubkörbe eingegeben werden. Das Hinzustellen von mit Laub befüllten Säcken ist nicht erlaubt. Laub von Privatgrundstücken sowie sonstige Gartenabfälle dürfen nicht in die Laubkörbe eingegeben werden.« Wie gesagt: Laub ist nicht gleich Laub in Oldenburg. Und es darf auch nicht so behandelt werden. Mit einer Ausnahme. Im Kompostwerk in Oldenburg. Da kommt nämlich das ganze Straßen-, Graben- und Grundstückslaub wieder zusammen.

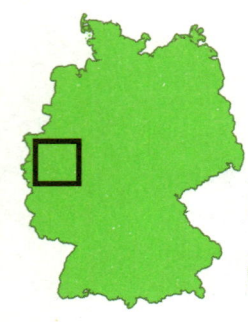

Reverse Graffiti in Köln

Kunst ist manchmal ein schmutziges Geschäft. Und sie kann für den Künstler gefährlich werden, jedenfalls in Köln. Eine lange graue Wand irgendwo in der Domstadt: Feinstaub, Ruß und Schmutzwasser haben ihre Spuren auf dem Beton hinterlassen, die Mauer ist scheckig vor Dreck. So wie hier sieht es an vielen Stellen in Köln aus. Tim Ossege möchte das ändern. Mit Kunst. Er rückt mit Gasdruckflasche, Sandstrahler und Mundschutz an, um ein sogenanntes Reverse Graffiti anzubringen – ein umgekehrtes Graffiti. Der Begriff sei ein bisschen befremdlich, sagt Ossege. »Es hat mit Graffiti gar nicht so viel zu tun, außer dass es auch im öffentlichen Raum stattfindet.« Allerdings sei das Prinzip ein völlig anderes: Statt Farbe aufzutragen und so fremdes Eigentum mit etwas Unerwünschtem zu versehen, entferne er für ein Reverse Graffiti den über die Jahre angesammelten Belag: »Man putzt eine schmutzige Wand partiell sauber, sodass aus dem Dreckig-sauber-Kontrast ein Bild oder ein Schriftzug entsteht«, sagt Ossege. Auf der grauen Wand entfernt er mit dem Sandstrahler einen gesprayten Schriftzug, sodass dessen Umrisse noch

> **»Kölner Karneval: Ich habe den Verdacht, die vom Wagen geworfenen Süßigkeiten kommen aus irgendwelchen dunklen Quellen. Ich habe zum Beispiel Rosenmontag ein Hanuta aufgesammelt, da war ein Aufkleber von Karl-Heinz Rummenigge drin.«**

sichtbar sind, die Wand jedoch nicht mehr mit Farbe be-
schmiert ist. Daneben sprüht er kleine Figuren in den Dreck,
Ossege nennt sie »Saubermänner«. Er sagt, das sei seine Art,
kreativ auf den Schmutz im öffentlichen Raum hinzuweisen.
Indem er aus Dreck Kunst macht.

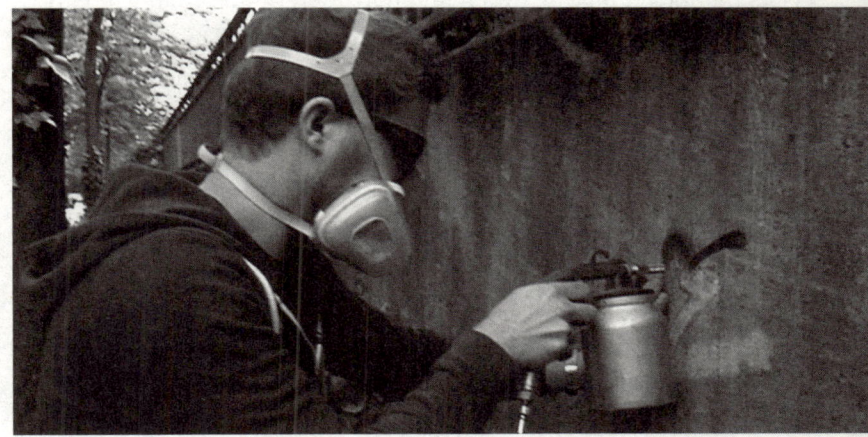

Mit Sandstrahl entfernt Tim Ossege ein Graffiti und hinterlässt eine sau-
bere Stelle. Für ihn sind solche Reverse Graffiti Kunst, für die Stadt Köln
Sachbeschädigung.

Die Stadt Köln duldet solche Anti-Schmierereien jedoch
genauso wenig wie Schmierereien. »Es ist ja nun eben eine
nicht unerhebliche Beeinträchtigung unserer Immobilie«,
sagt Robert Kilp, der Ordnungsamtsleiter. Für ihn mache
es keinen Unterschied, ob eine Fläche mit Farbe, Flusssäure
oder Sandstrahl bearbeitet wird. Stets handle es sich um
eine Veränderung des Bildes, die der Eigentümer – in dem
Fall der dreckigen Wand die Stadt Köln – nicht gewollt habe.
    Die Stadt Köln wollte die Wand lieber in Gänze dreckig
lassen. »Das ist unsere eigene Entscheidung, ob wir das reinigen oder nicht, ja?!«, sagt Kilp und blickt streng über den

Rand seiner Brille. »Wir lassen uns nicht von irgendwelchen Dritten dazu zwingen, etwas zu tun.«

Und manchmal wolle man ja auch gar nicht reinigen. »Verdreckt ist auch manchmal Patina«, weiß Kilp. Und Patina gibt es in Köln viel. Nicht nur die lange graue Mauer bietet auf mehreren Hundert Metern allerschönste Patina. Im ganzen Stadtgebiet sind an vielen Stellen Mauern zu finden, die nur von Banausen als dreckig bezeichnet werden, in Wirklichkeit aber ein wahres Patina-Paradies darstellen.

Doch ist auf einer dieser Mauern ein Reverse Graffiti erst einmal da, muss Kilp reagieren. Zunächst fasst er den Tatbestand, den Ossege durch sein ungewünschtes Säubern begeht, zusammen: »Das kann durchaus Sachbeschädigung sein, weil die Beeinträchtigung beim Sandstrahlen sehr intensiv ist.«

Sodann macht er sich daran, für die Entfernung des Reverse Graffitis zu sorgen. Dabei wird die Frage »Ist das Kunst oder kann das weg?« gar nicht erst gestellt, sondern direkt beantwortet mit »Das ist Kunst und das muss weg!«. Passenderweise sind die Abfallwirtschaftsbetriebe der Stadt Köln in so einem Fall verantwortlich. Und wie entfernen die Mitarbeiter die gesäuberten Stellen, für die aus Kilps Sicht eine Sachbeschädigung durchs Sandstrahlen begangen wurde? »Mit Sandstrahl«, sagt Kilp. »Und zwar komplett und sehr intensiv. Man muss gegebenenfalls die Fläche komplett reinigen.« Die ganze dreckige Wand von den Säuberungen säubern? Wie ärgerlich, da hat Ossege mit seinen partiellen Reinigungen ja was angerichtet.

Wobei im Fall der langen grauen Mauer zum Glück nicht alles geputzt werden musste. Ossege hatte hier vor einiger Zeit schon einmal Figuren in den Dreck gezeichnet. Doch von denen ist nichts mehr zu sehen. Der Teil der Wand ist mittlerweile gesäubert. Aber eben auch nur der Teil. Es sei ein Kuriosum entstanden, sagt Ossege, kniet sich hin und zeigt auf den hellgrauen Teil der Mauer. »Hier sehen wir eine komplett gereinigte Wand, da war mal eins meiner Bilder drauf.« Ossege dreht sich und zeigt auf den dunkelgrauen Teil der Wand: »Hier war keins meiner Bilder drauf, also wurde alles im Urzustand, im schmutzigen Zustand, gelassen.«

Letztlich hinterlasse die Stadt so auch Reverse Graffiti, sagt Ossege. »Sie reinigt auch nur partiell.« Solche Scherze sollte er sich besser verkneifen, denn mit dem Entfernen seiner Werke ist die Sache noch nicht zu Ende. Es kann noch richtig unangenehm werden für den Künstler. »Anschließend gehen die Fälle zur Staatsanwaltschaft«, droht Kilp. »Dort wird entschieden, ob ein Ermittlungsverfahren eingeleitet wird oder nicht.«

Die Grüne Jugend hält das für überzogen. »Wir finden das sehr unsinnig, weil ja eigentlich nur Dreck von den Flächen entfernt wird und wir nicht verstehen, wieso das verboten

Will sich von niemandem vorschreiben lassen, wann etwas zu reinigen ist: Robert Kilp lässt Reverse Graffiti von der Staatsanwaltschaft verfolgen.

werden soll«, sagt Sprecherin Lisa-Marie Friede. Da die Künstler mit ihren Reverse Graffitis auf den Dreck der Stadt aufmerksam machten, habe die Kölner Stadtverwaltung offensichtlich etwas dagegen, mutmaßt ihr Sprecherkollege Edgar Sürth. Doch die beiden wollen es genau wissen und erbitten sich in einem offenen Brief Verhaltenstipps. Stellen wir die entscheidenden Fragen doch mal direkt Herrn Kilp: »Wird das Entfernen von Hunde- und anderem Kot in Köln ebenfalls bestraft?« – »Sollte man zukünftig davon absehen, Müll aufzuheben, um einer Anzeige zu entgehen?«

Zu einer Klärung kommt es nicht mehr, weil Kilp durch die Diskussion um die Dreckskunst offenbar seinen Ruf beschmutzt sieht und – nachdem er sich die Fragen aus dem Brief der Grünen Jugend angehört hat – das Interview abbricht.

Kilp: »Jetzt beenden wir das Ganze, ja?!«
Reporter: »Moment!«
Kilp: »Jetzt beenden wir das Ganze!« (Steht auf, geht erst aus dem Bild, stellt sich dann vor die Kamera.)
Reporter: »Warum?«
Kilp: »Nee, wir machen nicht mehr weiter. So einfach ist das. Sie haben Ihre Antworten bekommen. Wenn Sie mich vorführen wollen, bitte, aber nicht hier.«
Reporter: »Ich wollte Sie nicht vorführen, ich ...«
Kilp: »Ist gut, da ist die Tür.«

Schade, dabei hätte man gerne noch gewusst, wie es an der langen grauen Mauer weitergeht. Denn Tim Ossege hat die partielle Reinigung seitens der Stadt bereits in sein neues Werk integriert. Einige »Saubermänner« lehnen sich vom noch schmutzigen Teil an die gereinigte Fläche, andere tragen Plakate mit den Aufschriften »Don't panic« und »The end is near«. Doch ist es das wirklich schon? Wenn die Stadt ihr Vorgehen beibehält und die Reverse Graffiti Stück für Stück entfernt, Ossege daraufhin wieder neue daneben sandstrahlert, die Stadt im Gegenzug wieder ein Stück Wand mehr reinigt – dann dauert es ziemlich lange, bis die ganze Mauer gesäubert und die Patina Geschichte ist.

WAS IST DRAUS GEWORDEN?

Der kamera- und fragenscheue Herr Kilp ist mittlerweile im wohlverdienten – oder eher wohl verdienten – Ruhestand, doch inhaltlich hat sich nichts an der Bewertung des Ordnungsamtsleiters geändert. Bis heute gelte das Anbringen von Reverse Graffiti nicht als Street Art, teilt das Amt für öffentliche Ordnung mit. »Außerdem können Beschädigungen nicht ausgeschlossen werden. Daher wird es für solche Vorhaben von der Stadt Köln auch keine Genehmigungen geben.«

Voraussetzung dafür wäre ein öffentliches Interesse. Ein öffentliches Interesse an sauberen Wänden? Das sei bei Reverse Graffiti nicht gegeben, meint das Amt.

»Soweit der Stadt solche Aktivitäten bekannt werden, prüfen wir im Einzelfall die Einleitung von Ordnungswidrigkeitenverfahren wegen unerlaubter Sondernutzung«, heißt es weiter. Zusätzlich werde geprüft, ob strafrechtliche Belange betroffen sind. In Köln gilt also höchstoffiziell weiterhin die Devise: Nichts ist schlimmer als eine dreckige Wand. Außer einer teilweise gereinigte Wand.

Wurmkur für
Fußballplatz
auf Rügen

SEITE 102

Landkreis Landkreis
Rostock

SEITE 115

SEITE 125

Schöner baden in
Wilhelmshaven

Langsames
Internet in
Goldenbow

SEITE 119

Lärmschutzwand
in Brandenburg

SEI 10

SEITE 110

Bahnhof von
Bad Bentheim

SEITE 132

Nordseefischzucht
im Saarland

Ungewöhnliche
Konzepte

Wer kommt denn auf so was?

Die Wirtschaft bei Ihnen im Kohlegebiet läuft nicht mehr rund? Ihre Marke hat noch nicht den gewünschten Wiedererkennungswert? Ihr Fußballverein hat Ärger? Unser Rat für solch herausfordernde Situationen: Nehmen Sie sich ein Beispiel an Behörden und Firmen, die zeigen, dass alles geht, wenn man nicht darüber nachdenkt, was man kann, sondern einfach macht. Und stets beachtet:

– Berechnen Sie bestimmte Werte lieber mit komplizierten Formeln als vor Ort einfach zu messen.
– Flexibel auf ungewöhnliche Situationen reagieren, manchmal kann auch ein Fenster eine Tür sein.
– Kreativ mit Problemen umgehen: Langsames Internet als digitale Entschleunigung begreifen und geschenkte Zeit auch nutzen können.

Wurmkur für den Fußballplatz

Der Fußballverein VfL Bergen auf Rügen hat ein schönes Stadion. 4.000 Zuschauer können hier die Heimspiele der Mannschaft in der Landesliga Mecklenburg-Vorpommern Nord besuchen. Theoretisch. Denn leider ist das Spielfeld des VfL Bergen nicht bespielbar. Es gibt da ein Problem: Bei Regen wird der Platz seit Jahren zur Wasserwüste. Matsch statt Match: Große und drei bis vier Zentimeter tiefe Pfützen machen ein Spiel unmöglich. Zum Glück hatte die Stadt Bergen im Jahr 2009 eine geniale Idee, die das Wasserproblem ein für alle Mal lösen sollte. »Wir haben gehört, in Holland

Bodenauflockerung mit Regenwürmern: Darauf setzt Bauamtsleiter Starke und bestellt 200.000 holländische Würmer der Art »Dutch Nightcrawler«.

ist die Bodenlockerung mit Regenwürmern gemacht worden und das wollten wir auch«, sagte damals Bauamtsleiter Rainer Starke.

Und das bekamen sie auch. Noch im selben Jahr kaufte die Stadt 200.000 holländische Regenwürmer der Art »Dutch Nightcrawler«. Denn man war sich einig: Wenn einer es schafft, den Boden zwecks besseren Wasserablaufs aufzulockern, dann diese »Dutch Nightcrawler«!

Und so wurde das in der Geschichte des Vereins einzigartige Regenwurm-Ansiedlungsprogramm gestartet – für schlappe 8.000 Euro aus der Stadtkasse. Und wie beim Kauf eines teuren, neuen Stürmers waren auch hier die Erwartungen hoch. Doch leider konnten die Regenwürmer ihre Leistung nicht abrufen. Das Wasser lief weiterhin nicht ab. Und so lautete die bittere Erkenntnis des zuständigen Bauamtsleiters Starke: »Die Regenwürmer haben versagt.«

Da ist der Wurm drin: Die »Dutch Nightcrawler« sollen den Boden auflockern. Doch leider können sie ihre Leistung nicht so richtig abrufen.

Nicht nur, dass der ersehnte Erfolg ausblieb, nein, die kleinen Biester machten auch noch Probleme. Und zwar in Form von regenwurmtypischen Häufchen auf dem Spielfeld, die den Boden noch zusätzlich glitschiger machten. Tja, da war der Wurm drin! Aber die Stadtverwaltung Bergen auf Rügen wäre nicht die Stadtverwaltung Bergen auf Rügen, wenn sie sich nicht etwas Neues ausgedacht hätte. Und so wurde 2014 der Beschluss gefasst, eine vernünftige Drainage zu bauen, die für eine ordentliche Entwässerung des Fußballplatzes sorgen sollte. Für weitere 158.000 Euro. Hier könnte die Geschichte zu Ende sein. Nach dem Motto: Fortan spielte der VfL Bergen zufrieden auf seinem entwässerten Platz im Ernst-Moritz-Arndt-Stadion. Aber nein. Nach dem Siel ist vor dem Siel. Das erklärt Bergens Stadtpräsident Eike Bunge: »Die Regenwürmer stören in der Drainage, die wir gelegt haben, und da gibt es jetzt noch mal Handlungsbedarf.«

Herausforderung erkannt und angenommen, sagt man sich in Bergens Stadtverwaltung! Und so startet jetzt – nach dem Regenwurm-Ansiedlungsprogramm – das umfangreiche Regenwurm-Umsiedlungsprogramm. Denn schließlich geht kein Weg dran vorbei: Die kleinen Biester müssen

»Gibt es noch Hoffnung für den HSV? Antwort: Ja, aber nur, wenn ab sofort fünf goldene Regeln akribisch eingehalten werden. Erstens: Gewinnen, abhaken und wieder gewinnen. Nur das zählt. Zweitens: Die Spieler dürfen erst dann aufhören zu kämpfen, wenn sie im Bus sitzen. Drittens: Der Oberarm gehört zur Hand. Viertens: Ein schlechter Spieler bleibt schlecht, da hilft keine Tablette. Fünftens: Drei Punkte sind besser als in die Hose geschissen.«

wieder raus aus dem Rasen, damit die Drainage richtig entwässern kann. Helfen soll dabei ein spezielles Regenwurm-Lockpulver. »Wenn dieses Mittel in die Rasenfläche reingetragen wird, dann kommen die Regenwürmer nach oben und dann müssen die abgesammelt werden«, sagt Bunge.

Dank des Zauberpulvers flutschen die hunderttausend Würmer nur so aus ihren Löchern und vor allem raus aus der teuren Drainage und müssen nur noch eingesammelt werden. Und das ist ja sicher ein Klacks, mehrere Hunderttausend Regenwürmer aufzusammeln, oder? Wie viele Helfer braucht man dafür wohl? Eine Handvoll? »Vierzig Helfer«, sagt Bunge. »Deshalb, weil die Regenwürmer sehr schnell austrocknen könnten. Und um die Regenwürmer am Leben zu erhalten, müssen sie sehr schnell abgesammelt werden.«

Ja, und das kostet dann noch mal um die 20.000 Euro. Dafür werden aber laut eines Gutachters auch immerhin achtzig bis neunzig Prozent der Regenwürmer auf diese Weise entfernt. Eine hundertprozentige Erfolgsgarantie gibt es leider nicht. Deswegen im Hinblick auf den Regenwürmer-Transfer gleich von einem Eigentor zu sprechen, ist wirklich ein bisschen übertrieben, oder? »Es war nicht der Erfolg. Das muss man einfach so sagen«, gesteht Stadtpräsident Bunge. »Trotzdem war es keine Verschwendung von Steuergeldern.«

Auf gar keinen Fall. Denn wenn hier einer versagt hat, dann die Regenwürmer! Und so gilt beim VfL Bergen auf Rügen das, was im Fußball häufig gilt, wenn auf große Investitionen ein schlechtes Ergebnis folgt: Schuld haben die Holländer!

WAS IST DRAUS GEWORDEN?

Zu der aktuellen Regenwürmer-Sachstandslage wollten sich weder die Stadtverwaltung von Bergen auf Rügen noch der Verein äußern. Der Verein erklärte in einer kurzen schriftlichen Nachricht, man habe mit der Regenwürmerei nichts zu tun, da der Platz ja schließlich der Stadt gehöre. Die Stadt wiederum reagierte einfach gar nicht auf unsere Anfrage. Auch nicht auf unsere Nachfrage. Nicht auf die erste und auch nicht auf die zweite. Es scheint: Das Thema wurmt alle Beteiligten wohl immer noch!

Das Loch in der Lärmschutzwand

Der Ort Brieskow-Finkenheerd in Brandenburg hat nicht nur einen komplizierten Namen, sondern auch ein kompliziertes Lärmproblem. Oder, besser gesagt: ein Lärmschutzproblem. Dabei begann alles eigentlich ganz einfach: Entlang der neuen Bundesstraße wurde eine Lärmschutzwand errichtet. Schließlich macht so eine Bundesstraße ordentlich Krach und davor will man die Anwohner natürlich schützen. Allerdings nicht unbedingt alle Anwohner. Auf rund hundert Metern ist die Lärmschutzwand unterbrochen. »Genau an der Stelle, wo wir wohnen, meinte man, ein Loch in der Lärmschutzwand lassen zu müssen«, moniert Anwohner Göran Wegener.

Bei den acht Familien, die an der Stelle wohnen, hält sich die Begeisterung für den freien Blick vom Wohnzimmer- oder Schlafzimmerfenster auf die vielbefahrene Bundesstraße in Grenzen. Fürs freie Gehör gilt dasselbe. Sie fühlen sich vom Lärm der Bundesstraße gestört. »Man kann nicht mehr bei offenem Fenster schlafen«, sagt Hans-Gustav Lindecke. Den Lärm müssen sich die Anwohner allerdings einbilden. Denn die zuständige Behörde hat die Lärmschutzwand an dieser Stelle aus einem einfachen Grund nicht gebaut: »Weil in dem Bereich die Grenzwerte für den Bau einer Lärmschutzwand unterschritten sind. Das heißt, sie ist nicht erforderlich«, erklärt Harald Kaske vom Landesbetrieb für Straßenwesen in Brandenburg. Und das heißt: Es gibt hier keinen ausreichenden Lärm. Ist ja auch ganz logisch.

Anwohner Hans-Gustav Lindecke versteht die Argumentation der Behörde nicht – und das nicht nur, weil der Verkehr hier so völlig ungeschützt lärmt. Hier rechts soll es lauter sein …

… als hier links, da ist sich der Landesbetrieb für Straßenwesen sicher – und hat dort deshalb keine Lärmschutzwand gebaut.

Hier links kann es ja gar nicht so laut sein wie hier rechts. Sonst wäre da ja eine Lärmschutzwand. Lindecke demonstriert das mal. »Hier, sagt die Behörde, braucht man eine

Lärmschutzwand«, erklärt er und zeigt dabei auf die Lärmschutzwand. Dann geht er zehn Meter nach links. »Hier meint
die Behörde, hier braucht man keine Lärmschutzwand.«

Weil die Anwohner diese simple Wahrheit aber nicht ak-
zeptieren wollen, messen sie mit Dezibel-Messgeräten nach.
Ständig sei man auch vor den Häusern über den zulässigen
Grenzwert gekommen, sagt Anwohner Werner Maul: »Aber
das interessiert keinen und das juckt keinen.«

Dabei hat die Behörde doch bereits mehrfach selbst vor
Ort die Lautstärke gemessen. Oder, Herr Kaske? »Es wird
nicht gemessen, das wird berechnet! Der Abstand, der Fahr-
bahnbelag, die Fahrzeugbelastung – wie viele Fahrzeuge am
Tag da lang fahren – wird berechnet und dann wird daraufhin entschieden, wo eine Lärmschutzwand gebaut wird und
wo keine gebaut wird.«

Aha! Und die Berechnungen haben
nun mal ergeben, dass die Häuser der
acht Familien eben keinen Lärmschutz
brauchen. Ganz sicher. Die Zahlen lügen
schließlich nicht. Anders sieht es nebenan aus: »Hier, wo das Wohngrundstück endet, da beginnt die Schall-
schutzwand wieder und schützt dort ein
seit zwanzig Jahren stillgelegtes Fabrikgelände«, sagt Wegener.

»Wenn das Leben Ihnen
eine Zitrone gibt, machen
Sie eine Zitronenlimonade
daraus. Und setzen Sie sich
verdammt noch mal nicht
dauernd hin, denn: Sitzen
ist das neue Rauchen.«

Ja, ist halt ein *still*gelegtes Fabrikgelände!
Und das benötigt den Berechnungen des Amtes zufolge einen adäquaten Lärmschutz. Und deswegen ist es auch durch die neue Lärmschutzwand
vor der lauten Bundesstraße geschützt. Dass
das die lärmschutzlosen Anwohner nicht verstehen, hat ausnahmsweise mal nichts mit
der Lautstärke zu tun.

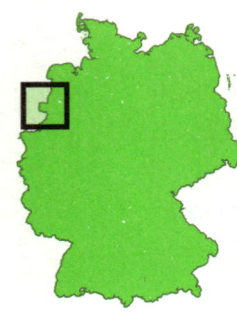

Der Bahnhof von Bad Bentheim

Bad Bentheim ist ein idyllisches Städtchen im westlichsten Zipfel Niedersachsens. Natürlich ist Bad Bentheim ein Kurort – dank der Mineraltherme, deren Wasser für Heilbäder genutzt wird und dadurch Jahr für Jahr Kurgäste anlockt. Denen will Bad Bentheim sich natürlich stets von seiner besten Seite zeigen. Zum Beispiel am örtlichen Bahnhof, hier soll es für Menschen mit und ohne Handicap komfortabel sein. Doch im Moment geht es hier minimal, sagen wir: ungewöhnlich zu. Die Deutsche Bahn hat nämlich alle Bahnsteige erhöht, um Barrierefreiheit für die Reisenden zu gewährleisten. So weit, so gut. Um gut vierzig Zentimeter – von 35 auf 76 Zentimeter – wurde erhöht, damit zum Beispiel Rollstuhlfahrer problem- und stufenlos vom Bahnsteig in den Zug kommen. Die neu bepflasterten Bahnsteige erfüllen also voll und ganz ihren Zweck: Sie sind barrierefrei. Doch leider kann man das nicht von allen Wegen am Bahnhof Bad Bentheim behaupten. Denn der Zugang zum Bahnsteig gestaltet sich nun eher unkonventionell. Es ist nämlich so, dass nur die Bahnsteige um gut vierzig Zentimeter erhöht wurden, jedoch nicht die Eingänge des Bahnhofsgebäudes. Und das hat ungünstigerweise zur Folge, dass die Türen des

»Die BAHNCARD 50 Spezial. Die Fahrt wird dann gar nichts kosten, aber man fliegt auf halber Strecke aus dem Zug.«

Gebäudes, die sich allesamt nur nach außen öffnen lassen, nicht mehr aufgehen. Also *alle* Türen.

Dafür gibt es natürlich eine ganz einfache Erklärung: Für den Umbau des Bahnsteigs ist die Deutsche Bahn zuständig, für das Bahnhofsgebäude die Bentheimer Eisenbahn AG – und die hat es einfach noch nicht geschafft, das Gebäude höher zu legen beziehungsweise die Türen anzupassen. Joachim Berends sitzt im Vorstand der Bentheimer Eisenbahn AG, er kann dieses kleine Missgeschick erklären: »Man kann diese Baumaßnahme hier auf dem Bahnsteig nicht verschieben, nur weil wir noch nicht so weit sind. Die muss gemacht werden. Und, das sag ich jetzt mal, da müssen wir jetzt durch.«

Stichwort »da müssen wir jetzt durch«: Weil es durch die Türen ja schon mal nicht durch geht, müssen andere, eben unkonventionelle Wege gegangen werden. Wer sagt denn, dass *unkonventionell* immer gleichbedeutend mit *schlecht* sein muss? Da muss man halt ein wenig flexibel sein und sich auf ungewöhnliche Situationen auch einfach mal einlassen. Also flexibel auch im Sinne von *körperlich* flexibel, also biegsam. Joachim Berends weiß diesbezüglich zu berichten: »Die Leute gehen quasi nicht durch die Tür, sondern sie gehen durchs Fenster. Die machen das Fenster auf, da ist so ein kleiner Stuhl davor, und da steigen die drauf und dann gehen sie durchs Fenster auf den Bahnsteig.« Weil sie ja auch gar nicht nur »*quasi* nicht«, sondern *definitiv* nicht durch die Tür gehen können.

Die Bad Bentheimer nehmen die Herausforderung komischerweise nicht gerne an. Dabei ist Bewegung doch für jeden gut. »Wir sind doch hier kein Turnverein!«, schimpft eine Reisende. Ein Mann, der sich gerade am Automaten eine Fahrkarte kauft und vorher noch nichts von den unkonventionellen Zuständen wusste, pflichtet ihr bei: »Durchs Fenster? Das gibt's ja wohl nicht!« Doch, gibt's wohl! Anders kommen die Fahrgäste derzeit nicht von drinnen nach draußen. »Derzeit ist das so. Ja, es kommt einem so ein bisschen vor wie ein Schildbürgerstreich«, findet Joachim Berends von der Bentheimer Eisenbahn AG. Bitte was? Nicht doch! Man muss vielleicht ein bisschen sportlich sein, wenn man ab Bad Bentheim reist. Aber das ist doch eine wirklich schöne Herausforderung! Besonders wenn man mit schwerem Gepäck

Auch ein Fenster kann eine Tür sein. Wenn man sich nur zu helfen weiß.

verreisen will. Oder wenn man an Gehhilfen oder an einem Rollator geht. Oder einen Rollstuhl benötigt. Das macht die Sache natürlich komplizierter – aber nur unwesentlich. Denn in Bad Bentheim gibt es für alles eine Lösung: »Sie müssen das Gebäude wieder verlassen und außen rumgehen«, erklärt Berends. Wer also nicht gut im Klettern ist, ist hoffentlich zumindest flink. Die Reisenden sind natürlich begeistert. Wer träumt nicht davon, entweder sich selbst und sein Gepäck über einen wackeligen Stuhl durch ein Fenster zu hieven oder das Bahnhofsgebäude wieder durch den Eingang zu verlassen und einmal außen rumzulaufen? Am besten noch, wenn man ohnehin schon spät dran ist. In Bad Bentheim gilt die alte Regel: Manchmal müssen Dinge erst mal schlechter werden, bevor sie besser werden. Und wenn man es erst mal durch Klettern oder Umweg auf den Bahnsteig geschafft hat, herrscht da dann auch zum Glück absolute Barrierefreiheit.

WAS IST DRAUS GEWORDEN?

Es gibt gute Nachrichten aus Bad Bentheim. Also bestimmt sogar einige. Bloß nicht unbedingt vom Bahnhof. Es lässt sich folgendes Positive sagen: Es gibt den Bahnhof Bad Bentheim noch. Dort halten Züge und man kann von dort abfahren. Darüber hinaus haben sich die Dinge eher verschlechtert. Auch im Mai 2017, neun Monate nachdem extra 3 über den Bahnhof berichtet hat, lassen sich die Türen des Bahnhofsgebäudes nicht öffnen. Aus den bekannten Gründen. Der Weg durch die Fenster ist allerdings auch nicht mehr möglich. Das Gebäude ist komplett gesperrt, weil es saniert werden soll. Wie die Lokalzeitung *Grafschafter Nachrichten* berichtet, funktionieren aktuell auch die Fahrstühle nicht.

Man hat also wunderbar barrierefreie Bahnsteige, zu denen man aber im Rollstuhl gar nicht kommt. In der Zeitung heißt es:»Die Aufzüge sollen im Juni 2017 fertig sein – möglicherweise. Frühere Ankündigungen hatten einmal eine Fertigstellung im September 2016 in Aussicht gestellt.« Nicht mal mehr die Bahnhofsuhren zeigen die richtige Uhrzeit an. Ob wohl schon mal jemand überlegt hat, den Bahnhof mit heilendem Wasser aus der Mineraltherme zu fluten?

Landkreis Landkreis Rostock

Manche Dinge sind von so herausragender Einzigartigkeit, dass man gar nicht genug von ihnen bekommen kann. Will man beispielsweise einem bestimmten Wort besonderen Nachdruck verleihen, so kann man sich des rhetorischen Kniffs der Verdopplung bedienen. Findet man etwas mehr als gut, dann ist es häufig »*sehr, sehr* gut«! Dopplungen verleihen unserer Begeisterung Ausdruck.

Es ist nur Spekulation, aber so oder so ähnlich muss es wohl auch den Verantwortlichen im Landkreis Landkreis Rostock gegangen sein. Kein Tippfehler, sondern der 2011 neu erdachte Name für das Stück von Mecklenburg-Vorpommern, das sich rund um Rostock erstreckt. Rerik, Güstrow, Teterow, Graal-Müritz – alles Landkreis Landkreis Rostock.

Das das ist ist er er: der der Landkreis Landkreis Rostock. Schon auf der Internetseite eine Verwaltungseinheit mit hohem Wiedererkennungswert.

Im Zuge der Kreisreform wurden 2011 die Landkreise in Mecklenburg-Vorpommern neu eingeteilt, um bessere Verwaltungsstrukturen zu ermöglichen. Aus zwölf Landkreisen wurden sechs. Und als wäre das schon genug Sinnvolles, hat man sich für den neuen Kreis um Rostock herum den schönen, aber dafür wenig sinnvollen Namen »Landkreis Landkreis Rostock« überlegt. Wie kam es wohl dazu? Zu viel Zeit in Baden-Baden verbracht? Zu viel Filmfilm geschaut? Zu intensiv dem Pianisten Lang Lang zugehört? Zu häufig halbe-halbe gemacht? Oder einfach nur plemplem?

Der Kreiskreisbeauftragte – ach, Entschuldigung! – der *Kreis*beauftragte Manfred Gerth erklärt den doppelten Landkreis: »Das hat den folgenden Grund: Es gab eine Durchführungsverordnung zur Kommunalverfassung in diesem Lande, in der ganz einfach geregelt ist, dass vor den Namen eines Kreises das Wort ›Landkreis‹ zu setzen ist.«

Genau! »Landkreis Rostock« ist der Name. Und vor den Namen muss laut Verordnung das Wort »Landkreis« gesetzt werden. Alles klar?

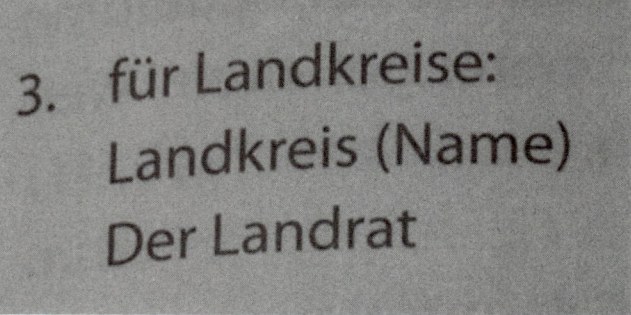

3. für Landkreise:
Landkreis (Name)
Der Landrat

Hier heißt es aufpassen: Trägt man nur als Namen des Landkreises »Landkreis Rostock« ein, hat man schon den Landkreis Landkreis Rostock geschaffen.

Hier kann man ja schließlich nicht nur »Rostock« eintragen! So heißt ja diese eine (übrigens kreisfreie) Stadt blöderweise schon. Und so kommt es also zu der besonderen Dopplung im Namen des neuen Landkreises. Schließlich gilt laut Gerth: »Wenn einer ein Recht auf seinen vollen Namen hat, dann muss man ihm dieses Recht einräumen.« Eben! Aber: »In Abschwächung dieser Dramatik habe ich trotzdem schon überall, wo wir Schriftverkehr entfachen, Kreis ›Landkreis Rostock‹ benutzen lassen.«

Der Kreiskreisbeauftragte stellt fest: »Wenn einer ein Recht auf seinen vollen Namen hat, dann muss man ihm dieses Recht einräumen.«

Also, Herr Kreisbeauftragter, jetzt gibt's den besonderen Namen und Sie wollen den nicht benutzen. Zumindest die Bürger Bürger im Landkreis Landkreis sind begeistert vom Doppelnamen. So wie zum Beispiel ein älterer Herr in Güstrow: »Wir haben früher gesagt: Die Genossen werden sich schon was dabei gedacht haben.«

Richtig, schließlich ist so ein neuer Landkreis Landkreis auch was Tolles Tolles! So toll und neu, dass man ruhig

doppelt auf ihn hinweisen kann. Warum nicht gleich drei-
fach? Landkreis Landkreis Landkreis Rostock! Ach schade,
das das das wär's doch gewesen!

WAS IST DRAUS GEWORDEN?

Die Namensdopplung »Landkreis Landkreis« war nur
eine kurze Episode in der Geschichte des neu geschaffenen
Kreises. Seit geraumer Zeit liest man auf offiziellen Doku-
menten und der Internetpräsenz des Kreises nur noch das
wenig besondere »Landkreis Rostock«. Verantwortlich
dafür ist eine Änderung der Durchführungsverordnung
zur Kommunalverfassung. Die Pressestelle des mecklen-
burgischen Innenministeriums, die für den nun wieder
einfachen Landkreis zuständig ist, schreibt dazu: »Die
Regelung bzgl. der Vermeidung der ›Namensdopplung‹
in § 1 Absatz 1 Nr. 3 der Durchführungsverordnung zur
Kommunalverfassung wurde durch Artikel 2 der ›Verordnung zur sprachlichen Harmonisierung der Angaben auf
Dienstsiegeln und Schriftköpfen an den Namen des Landkreises vom 26. Oktober 2011‹ eingeführt.« Weiter heißt
es: »Die vorangestellte Bezeichnung ›Landkreis‹ entfällt,
wenn das Wort ›Landkreis‹ Bestandteil des Kreisnamens
ist.« Sprachlich ist der Landkreis nun harmonisiert, doch
dadurch ist es auch vorbei mit der Einzigartigkeit!

Langsames Internet auf dem Dorf

Goldenbow in Mecklenburg-Vorpommern: An schmalen Straßen ducken sich niedrige Häuser hinter mächtige Linden. Zwei ältere Damen treffen sich vor dem halb verfallenen Herrenhaus am Dorfplatz und halten einen Schwatz. Vom benachbarten Scheunendach liefert ein krächzender Rabe den Sound zu dieser ländlichen Idylle. Ansonsten passiert nicht viel.

Gestresste Großstädter wie Oliver Törner aus Hamburg finden hier ein ideales Zweitdomizil, fernab von Hektik und Lärm. In Goldenbow geht alles etwas langsamer zu. Auch im Internet. Törner kann in Goldenbow vollkommen entspannen, wenn er wie jeden Morgen vor seinem PC sitzt – und wartet.

Vor zehn Minuten hat er in der ARD-Mediathek ein Video aufgerufen, die *Tagesthemen* vom Vorabend:

»Der ukr ... ain ... ische ... Premi ... ermi ... nis ... ter Ja ... zen ... juk ...«

Moderator Thomas Roth stottert nur einzelne abgehackte Silben heraus, als er einen Bericht über den Ukraine-Konflikt anmoderiert. »*Tagesschau* on Demand ist ein dolles Gezuckel. Da braucht man Geduld und auch mal etwas

> »Ohne Internet kein Facebook: Facebook ist einer der wenigen Orte, wo man etwas teilen kann, ohne dass es weniger wird. Wenn das mit Brot funktionieren würde, wäre diese Welt schon einen Schritt weiter.«

Fantasie, um fehlende Wortstücke zu ersetzen«, sagt Törner. Immer wieder wird der Bildschirm schwarz und die sich drehende Eieruhr taucht auf.

Törners Frau, Uta König, geht diese zwangsweise Genügsamkeit zu weit. »Wir brauchen dringend schnelleres Internet. Wir sind beruflich darauf angewiesen«, sagt sie. Da sie beide als freiberufliche Schauspieler arbeiteten, müssten sie oft größere Dateien mit Fotos verschicken. Da könne es schon mal zehn bis fünfzehn Minuten dauern, bis der Mail-Account sich öffnet, ergänzt ihr Mann. »Dann arbeite ich und dann muss ich das Ergebnis wegschicken. Das dauert dann wieder zwanzig, dreißig Minuten.« Die so frei gewordene Zeit kann Törner effizient nutzen: »Das ist gern mal so, dass ich vorm Frühstück die Datei starte und dann erst mal in aller Seelenruhe meine Brote esse.«

Dieses Höchstmaß an technischer Entschleunigung ist möglich dank antiquierter Infrastruktur. »Wir haben hier eine Kriechleitung«, sagt Törner. Sie erreichen im Download eine Geschwindigkeit von unter vierhundert Kilobits, im Upload von unter hundert. »Das bedeutet, dass man seinen Tagesablauf um das Laden herum plant und organisiert.«

Mal so richtig entspannen, durchatmen, zur Besinnung kommen: Das kann Oliver Törner, wenn er im Internet surft. Denn in Goldenbow schafft die alte Leitung maximal vierhundert Kilobits.

Solche Einschränkungen sollen – geht es nach der Bundesregierung – bald der Vergangenheit angehören. Schnelles Internet mit mindestens fünfzig Megabits pro Sekunde soll laut der Digitalen Agenda bis 2018 überall im Land verfügbar sein.

Deutlich früher, schon im Oktober 2014, bekommt die Kriechleitung vor dem Haus von König und Törner plötzlich Gesellschaft. Die beiden beobachten Bauarbeiten direkt vor ihren Fenstern. Bagger der Tiefbaufirma Olaf Sitte heben entlang der Straße einen schmalen Schacht aus. Arbeiter versenken darin einen dicken schwarzen Kabelstrang.

»Wir verlegen für Kabel Deutschland eine Glasfaserstrecke, um die Geschwindigkeit hier zu verbessern«, sagt Olaf Sitte. Durch das neue Kabel, das von der Kreisstadt Hagenow nach Boizenburg führt, kämen der neue Hochleistungsstandard und endlich schnelles Internet aufs Land: »Das ist eine sogenannte Datenautobahn über Glasfaser.« Mit bis zu hundert Megabits pro Sekunde könnten die Kunden künftig im Internet surfen.

Als die Bagger bereits einen Ort weitergezogen sind, fragt Törner bei Kabel Deutschland freundlich nach, wann denn das schnelle Netz für ihn verfügbar sei. Die Antwort kommt per Mail, die Törner nach einigen Minuten öffnen kann: »Eine Anbindung von Goldenbow an das Netz von Kabel Deutschland ist derzeit nicht geplant.«

König zeigt auf den Streifen Erde in der Rasenfläche, unter dem die Datenautobahn verläuft: »Das Kabel liegt keine sechs Meter von unserem Haus entfernt, aber es ist nicht für uns gedacht.« Ihr Mann schüttelt den Kopf: »Das ist doch grotesk. Als ob jemand eine komplette Autobahn baut und es gibt nirgendwo eine Auffahrt.«

Vor dem Haus wird endlich eine Glasfaserleitung für schnelles Internet verlegt. Das Haus allerdings wird nicht angeschlossen.

Bei Goldenbow handele es sich um ein »von Kabel Deutschland bislang nicht versorgtes Gebiet«, wie Unternehmenssprecherin Andrea Deutschmann mitteilt. Es gebe dort noch kein Kabelnetz. Der Verkehrswegeplan des Unternehmens sieht daher auch für die Zukunft zwischen Boizenburg und Hagenow keine Auffahrten zu der Datenautobahn vor. »Das Unternehmen konzentriert sich derzeit auf die Aufrüstung und Erweiterung seines bestehenden Netzes, um den Kabelkunden auch zukünftig eine leistungsfähige Infrastruktur bieten zu können«, schreibt Deutschmann. An potenziellen Neukunden wie Törner, die über ein neu zu errichtendes Verteilernetz angeschlossen werden müssten, scheint die Firma weniger interessiert zu sein. »Ein solcher Neubau müsste von Kabel Deutschland individuell im Hinblick auf die Wirtschaftlichkeit geprüft werden«, heißt es dazu von Unternehmensseite. In Goldenbow lohnt sich die Neueinrichtung von Hausanschlüssen für Kabel Deutschland offensichtlich schlichtweg nicht.

Björn Burow, der zusammen mit seiner Frau Bianca das halb verfallene Herrenhaus am Dorfplatz saniert, hat die Bauarbeiten ebenfalls beobachtet – und sich ebenfalls zu früh gefreut: »Ich habe die Handwerker direkt angesprochen: ›Toll, wir bekommen endlich ein Kabel hier.‹« Nein, habe es da geheißen, das werde nur durchgelegt. »Der Witz ist: Wir haben hier sogar direkt einen Verteilerkasten vor der Tür«, sagt Burow. »Wir könnten uns also direkt anschließen, es ist aber nicht vorgesehen.«

Auch in Körchow, dem Nachbarort, in dem Bauunternehmer Sitte seine Firma hat, ist die Internetversorgung seit Langem unbefriedigend. »Unsere Kunden kommunizieren mit uns per Internet. Aufmaße und Angebote müssen per Internet abgegeben werden«, erklärt Sitte. Der Download sei relativ einfach, doch der Upload dauere viel zu lange.

Zumindest der Mann, der für Kabel Deutschland das schnelle Netz aufs Land bringt, hat doch im Zuge der Glasfaserkabel-Verlegung für seine Firma einen Highspeed-Anschluss erhalten, oder? »Noch nicht. Aber wir hoffen, dass wir Kabel Deutschland bewegt kriegen, auch uns anzuschließen.«

Es kann ein wenig dauern, bis es so weit ist. Auf dem Land brauchen die Dinge manchmal einfach ein bisschen länger. Und in der Zwischenzeit gibt es ja immer noch Internet über das Mobilfunknetz. Darüber kann man ja, wenn man es so eilig hat, auch Daten verschicken. Uta König steht mit ihrem Tablet vorm Haus und drückt auf den »Senden«-Button. Nichts passiert. »Wir haben leider auch ein sehr, sehr schlechtes Mobilnetz. Das heißt, die meiste Zeit haben wir hier gar keine Netzverbindung.«

Bauunternehmer Olaf Sitte kennt die Problematik mit zu langsamem Internet. Er hofft, dass Kabel Deutschland irgendwann auch seinen Betrieb ans schnelle Netz anschließt.

Bianca Burow kennt das Problem. Das Versenden von PDF-Dateien stelle eine echte Herausforderung dar. »Manchmal fahre ich extra nach Hamburg oder nach Neuhaus zu Freunden, um das dann dort zu verschicken«, sagt Burow. Digitale Entschleunigung hat manchmal eben auch diese moderne Form der Landflucht zur Folge.

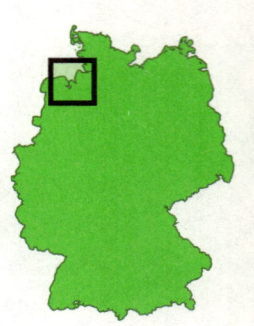

Schöner baden in Fäkalien

Wilhelmshaven – viele Menschen denken da sicherlich spontan an eine industriell geprägte Hafenstadt mit Marinestandort und großen Kriegszerstörungen, die Gäste mit dem Betoncharme der Sechzigerjahre begrüßt. Dabei dürfte selbst vielen Norddeutschen nicht bekannt sein, welche Perle sich am Jadebusen verbirgt.

Der Südstrand in Wilhelmshaven ist eine echte Perle an der Nordsee. Diese Ruhe, diese Weite, diese frische Brise – nur leider duftet die nicht immer nur nach Salzwasser.

Ein an der gesamten deutschen Nordseeküste einzigartiger Ort liegt unweit des Zentrums: ein grasbewachsener Deich mit Sandstrand davor. Umweltdezernent Jens Graul preist dessen Vorzüge: »Wilhelmshaven bietet den einzigen Südstrand an der deutschen Nordseeküste. Das ist ein Privileg unserer geografischen Lage.« Und dieses Privileg, mit Blickrichtung zur Sonne in die Fluten steigen zu können, weiß die Stadt auf ihrer Internetseite gekonnt touristisch zu vermarkten. »Der Südstrand mit südländisch anmutender Promenade hat ein ganz besonderes Flair«, heißt es da. »In der Badesaison von Mai bis September prägen bunte Strandkörbe das Bild des Südstrandes mit dem vorgelagerten Badestrand.« Wer das liest, mag ins Träumen geraten und an die Côte d'Azur denken. Doch was man vorfindet, das erinnert öfter eher an die Kot d'Azur, gerade auch in den Sommermonaten. Es fließt dann Abwasser aus der Kläranlage ins Meer vor der südländisch anmutenden Promenade.

»Das letzte Mal, als ich da hineinging, war es braune Soße, die um mich herumschwamm«, sagt eine ältere Wilhelmshavenerin, die dort gerne ein Bad nimmt. »Eine Slipeinlage schwamm vorbei. Sie können sich gar nicht vorstellen, wie schnell ich wieder draußen war.«

Immer wenn es etwas stärker regnet, läuft die Kläranlage über. 2007 passiert das zum Beispiel an 88 Tagen. Da es kein Auffangbecken für solche Fälle gibt, leitet die Stadt das Schmutzwasser direkt in die Nordsee, teilweise mehrmals pro Tag. Und natürlich ungeklärt. Der Ausfluss befindet sich unmittelbar

»Bei der richtigen Strandfigur ist guter Rat teuer. Wenn man die Badehose bis zu den Hüftknochen runterzieht, hängt der Bauch rüber. Und wenn man sie bis zu den Brustwarzen hochzieht, sieht man aus wie ein Halbirrer. Warum sieht man eigentlich ausgerechnet im Urlaub immer fünf Kilo dicker aus? Antwort: Die Lichtverhältnisse.«

Nahe dem Strand strömt von Zeit zu Zeit (also eigentlich immer, wenn es etwas stärker regnet) Abwasser aus der Kläranlage ungefiltert ins Meer.

neben dem Badestrand. Insgesamt 946.450 Kubikmeter Wasser aus dem Klärsystem fließen 2007 dort in die Nordsee. Allein in den Ferienmonaten Juni, Juli und August sind es 244.425 Kubikmeter. An 28 Tagen heißt es während der drei Monate: »Ach du Scheiße.«

In Grauls Büro im Umweltamt hängt ein Plakat mit dem Slogan »Respectez la mer«. Wie sehr die Stadt das Meer respektiert, erklärt Graul, indem er auf die maritime Tierwelt verweist. Auf die müsse man nur genau achten, dann wisse man, ob ein Bad in der Nordsee gerade anzuraten ist oder nicht. »Die Einheimischen richten sich nach den Möwen«, so Graul. »Wenn die Möwen im Wasser sind, dann gibt es da irgendwas.«

Und in Wilhelmshaven ist dieses irgendwas eben Klärschlamm. Und in dem sind natürlich auch Fäkalien. Die Vögel fühlen sich von so vielen Nährstoffen angelockt.

Reporterin: »Wenn die Fäkalien rauslaufen, sind die eigentlich in Gänze oder gequirlt?«

Graul: »Gute Frage. Es sind Kolibakterien.«

Reporterin: »Gequirlte Fäkalien?«

Graul (etwas zögerlich): »Ja, ja.«

Reporterin: »Diese Fäkalieneinleitung, ist die eigentlich gesundheitsgefährdend?«

Graul (wie aus der Pistole geschossen): »Nein!«

Abwasserexperte Ralf Otterpohl von der Technischen Universität Hamburg-Harburg kommt zu einem etwas anderen Ergebnis. Sehr wohl könnten die Abwässer in Wilhelmshaven Krankheitsträger sein. »Bei uns steht sicherlich nicht Cholera im Vordergrund«, sagt Otterpohl. Eher könnten sich Schwimmer mit Amöbenruhr anstecken oder

Umweltdezernent Jens Graul hält die Fäkalien, wenn auch gequirlt, für ungefährlich. Sein Motto: »Respectez la mer«. Und immer auf die Möwen achten.

Salmonellen- und Durchfallerkrankungen bekommen. »Die können auch sehr heftig sein. Es gibt da auch Krankheiten, die durchaus lebensbedrohlich sind.«

Fürs Tourismusmarketing ist so was natürlich gequirlte Scheiße. Damit Auswärtige, die das Möwenverhalten möglicherweise nicht so gut deuten können, nicht in die Brühe springen, hat Graul sich was einfallen lassen. »Es wird eine rote Fahne hochgezogen am Badegebäude«, sagt der Dezernent. »Dann weiß jeder: Achtung, nicht baden!« Da sei es auch nicht so entscheidend, ob die Besucher wissen, weshalb gerade Badeverbot herrsche. »Das sind international übliche Signale.«

Und mit diesen international üblichen Signalen werden Besucher wie Einwohner darauf hingewiesen, dass am Strand etwas faul ist. Vor allem der Geruch.

WAS IST DRAUS GEWORDEN?

Die Stadt Wilhelmshaven hat im vergangenen Jahrzehnt einiges getan, damit weniger Abwasser neben dem Badestrand eingeleitet wird. Die größte Einzeltat: Abwasser umzubenennen in »Mischwasser«. So bezeichnet Pressesprecherin Julia Muth den Ausfluss. Mischwasser deshalb, weil sich Regenwasser mit Abwasser vermischt, nach wie vor häufig dann, wenn das Kanalsystem und die Kläranlage bei stärkeren Regenfällen kein Wasser mehr aufnehmen können. Streng genommen fließt somit gar kein Abwasser mehr in die Nordsee, sondern nur noch »Mischwasser«. Das klingt ja auch gleich viel harmloser.

Zusätzlich sei 2008 ein Maßnahmenpaket beschlossen worden, um die Fäkalienmenge, die am Südstrand ins Wasser fließt, um achtzig Prozent zu reduzieren. »Rat und

Verwaltung der Stadt Wilhelmshaven sind sich der besonderen Bedeutung des Badegewässers und Naherholungsgebietes am Südstrand bewusst«, sagt Muth. Die erste Maßnahme sei ein Ende 2009 installiertes »Feinsieb« gewesen. Das hat einen Stababstand von sechs Millimetern. Der Effekt laut Muth: »Unästhetische Grobstoffe werden größtenteils zurückgehalten und entfernt.«

Das heißt, dass vorbeischwimmende Damenbinden seltener geworden sein dürften. Doch nicht allzu viel ästhetischere Kleinstoffe hingegen gibt es nach wie vor: Die Kacke ist nun noch feiner gequirlt. Oder wie der frühere Umweltdezernent Graul, der mittlerweile im Ruhestand ist, es 2011 in der *Süddeutschen Zeitung* ausgedrückt hat: »Die großen Pfunde bleiben nun hängen. Da merken Sie gar nicht, wenn eingeleitet wird.« Außerdem solle man den Fäkalzusatz im Meerwasser nicht überbewerten. »Die Nordsee ist sowieso naturtrüb«, beruhigte Graul kurz vorm – Entschuldigung – Ausscheiden aus dem Amt.

Im Trüben fischen die Verantwortlichen eigenen Angaben zufolge auch nach zehn Jahren noch, was die Ursachenbenennung angeht. Schließlich würden die Einleitungen aus dem Mischwassersystem den allgemein anerkannten Regeln der Technik entsprechen. Sie seien »eindeutig nicht auf fehlende Speicherbecken oder eine zu gering dimensionierte Kläranlage zurückzuführen«.

Nein, auf keinen Fall. Sonst müsste man die ja vergrößern und neue Speicherbecken bauen. Ach, genau das plant Wilhelmshaven jetzt doch? »Künftig ist der Bau einer vor der Kläranlage gelagerten Mischwasserbehandlungsanlage (›Auffangbecken‹) vorgesehen«, teilt Muth mit. Dabei werden Hunderttausende Kubikmeter Abwasser – ach Quatsch: Mischwasser – gar nicht mehr am Badestrand in die Nordsee entlassen. 2014 wurde nämlich die zweite Maßnahme umgesetzt und eine neue Rohrleitung verlegt, deren Einleitstelle im Heppenser Groden liegt und nicht mehr am Südstrand. Dort sind 2016 tatsächlich nur noch 30.500 Kubikmeter Mischwasser ausgetreten. Die neue Leitung zum Heppenser Groden trug hingegen 410.200 Kubikmeter ins Meer.

Doch die Stelle ist mehrere Kilometer vom Badestrand entfernt. Dort sei deshalb »auch jetzt schon ein ungestörtes und sicheres Badevergnügen möglich«, ist Muth überzeugt. Und wenn doch mal die Kacke am Dampfen ist, wird halt weiterhin die rote Flagge gehisst.

Wen es interessiert, der kann sich auf der Internetseite der Technischen Betriebe Wilhelmshaven über die aktuelle Häufigkeit der Einleitung und die Mischwassermenge, die den Südstrand passiert, informieren. Dazu wurde ein wohl einmaliger Service eingerichtet, eine Art Online-Fäkalometer: http://www.tbw-whv.de/2_368.php. Auch die Entwicklung der Einleitungsmenge über die Jahre hinweg ist dort kubikmetergenau protokolliert. Kein Scheiß!

Anreise

Der Südstrand liegt an der gleichnamigen Straße in 26382 Wilhelmshaven. Mehrere Hotels und Restaurants reihen sich entlang der Promenade hinter dem Sandstrand und dem Deich.

GEPRÜFT

Nordsee-fischzucht im Saarland

Dies ist eine Geschichte über Strukturwandel auf Saarlän-disch. Sie spielt in Fürstenhausen, einem Stadtteil von Völk-lingen. Oberbürgermeister Klaus Lorig von der CDU und die Stadtwerke Völklingen sind auf eine naheliegende Idee für die Wiederbelebung einer seit Jahren brachliegenden Fläche gekommen: Die Stadt Völklingen könnte auf dem Gelände der 1999 dichtgemachten Kokerei doch Nordseefische züch-ten. Über sechshundert Kilometer entfernt von der Nordsee. Eine Überlegung, die so nur unter dem Einfluss von Koks anzustellen ist – gemeint ist natürlich jenes, welches hier jahrzehntelang aus Kohle zu Brennstoff verarbeitet wurde und nun Raum für Neues, nie Dagewesenes lässt.

Denn Völklingen ist mutiger Vorreiter, bislang gibt es noch nirgends auf der Welt eine Meeresfischzucht so ganz ohne Meer. Aber nicht umsonst hat sich das Saarland, ein Bundesland von der Größe des Saarlandes, den wegweisen-den Slogan »Großes entsteht immer im Kleinen« zugelegt.

Hier die Meilensteine dieses großartigen Projekts, das in der kleinen Rudolf-Trenz-Straße im Südosten Völklingens Realität wird:

Dezember 2007

Die Stadtwerke Völklingen, ein städtisches Unternehmen, und die Firma International Fish Farming Technology (IFFT) schließen einen Kooperationsvertrag und gründen

Die Meeresfischzucht im Saarland war als Leuchtturmprojekt des Struk-turwandels geplant. Doch eigentlich gibt es im Saarland weder Meeres-fische noch Leuchttürme.

die »Operative Fischzucht Völklingen GmbH« – sie soll die Meeres-Fischzucht Völklingen (MFV) betreiben. Die Stadt-werke halten daran 89,9 Prozent, IFFT die restlichen 10,1 Prozent. Der Bau der Halle mit vier Salzwasserbecken für Dorade, Wolfsbarsch und Stör soll 2008 starten und zwölf Millionen Euro kosten. Schon 2009 sollen dann die ersten Fische in die Becken gesetzt werden, so der Plan, und der Traum vom Kaviar von der Saar wahr werden.

August 2008

Ganz so schnell geht es dann doch nicht. Denn zunächst steht das Kommunalgesetz im Wege. Dort ist bislang nicht vorge-sehen, dass saarländische Städte Steuergeld in den Aufbau von Unternehmen investieren, auch nicht, wenn es sich um Leuchtturmprojekte wie die Fischzucht handelt. Dieses längst überholte Verbot muss dringend aufgehoben werden, findet die Landesregierung. Dafür setzt sich die zuständige damalige Innenministerin Annegret Kramp-Karrenbauer (CDU) ein. Der Landtag macht mit einer Gesetzesnovelle den Weg frei dafür, dass sich Kommunen wie Völklingen wieder stärker wirtschaftlich betätigen dürfen.

April 2009

»Erster Spatenstich Meeres-Fischzucht Völklingen« ist in den Spaten eingraviert, der feierlich auf dem Baugelände zum Einsatz kommt. Wegen der rechtlichen Problematik rund ein Jahr später als geplant wird damit der obligatorische Startschuss für das wegweisende Projekt gegeben. Jochen Dahm, Chef der Stadtwerke Völklingen und Geschäftsführer der Meeres-Fischzucht, sagt zum Baubeginn: »Wir gehen davon aus, dass wir nach vier Jahren die Gewinnzone erreichen und auch nachhaltig erreichen werden.«

April 2010

Ein Jahr nachdem der ursprünglichen Planung zufolge die ersten Fische in die Anlage eingesetzt werden sollten, herrscht Baustopp. Das Geld ist alle. Doch Jochen Dahm, der Fischexperte aus dem Saarland, bleibt optimistisch und geht auf Partnersuche: »Wir versuchen zunächst mal Investoren zu finden, private Investoren.« Die müssten doch eigentlich sofort anbeißen bei der Aussicht auf eine Beteiligung an diesem Pionierprojekt der Aquakultur. Doch die Stadtwerke scheitern mit dem Versuch, einen privaten Geldgeber an Land zu ziehen. »Das ist uns trotz vielversprechender Gespräche nicht ganz gelungen«, sagt Dahm. Immer wieder springen mögliche Interessenten in letzter Sekunde vom Haken.

Mai 2010

Kein Geld, keine Investoren, keine Fische, aber die Stadt gibt nicht auf und macht weitere drei Millionen Euro locker. Der Völklinger Stadtrat muss den Stadtwerken eine Bürgschaft gewähren. Der MFV hätte sonst womöglich die Insolvenz gedroht.

August 2010

Die Stadtwerke schließen abermals eine Finanzierungslücke, dieses Mal von einer Million Euro. Der Baustopp wird beendet. Friedrich Esser, Geschäftsführer der International Fish Farming Technology, sagt dem Saarländischen Rundfunk: »Das Risiko ist überschaubar, wir haben die Kosten sehr gut im Griff.«

Auch Fischers Fritz, der in Völklingen Klaus heißt, Klaus Lorig, und bei der Wahl im September Oberbürgermeister bleiben will, hält nun alle Probleme für behoben. Lorig, der auch Aufsichtsratsvorsitzender der Meeres-Fischzucht ist, kündigt ebenfalls im regionalen Fernsehen an: »Das ist kein Scherz zur Vorwahlzeit – die Anlage wird Ende des Jahres definitiv fertig sein.«

November 2010

Die Anlage wird aber nicht bis zum Ende des Jahres fertig. Definitiv nicht. Stattdessen geraten die Stadtwerke mit der Privatfirma IFFT in Streit um angeblich ausstehende Zahlungen. Die Fische sollen nun erst im März 2011 einziehen.

Oktober 2011

Noch immer keine Fische. Wie auch, die Anlage ist nach einem erneuten Baustopp noch längst nicht fertig. Dafür ist die IFFT insolvent. Die Stadt übernimmt deren Anteile für

200.000 Euro. Sie will die Fischzucht in Eigenregie fertig bauen und betreiben. Ende des Jahres soll alles fertig sein.

Dezember 2011

Ist es aber nicht. Es gibt weitere Verzögerungen beim Bau. Auch, weil das Hauptstromkabel geklaut wird.

Oktober 2012

Es ist so weit: Die ersten Fische ziehen ein – 4.000 Störe und 90.000 Wolfsbarsche – und das nur gut drei Jahre später als geplant. Die Mehrkosten liegen mittlerweile bei sieben Millionen Euro. Der vielleicht auch dank seines visionären Fischprojekts wiedergewählte Bürgermeister Lorig kann das erklären:»Das hängt eben auch damit zusammen, dass man mit einem völlig neuartigen Produkt arbeitet, wo es keine vergleichbaren Modelle gibt, wo man kein Raster anlegen kann, auf was man achten muss.«

Diese neuartigen Produkte – an der Küste schlichtweg »Fische« genannt – sind aber auch kompliziert. Und ihre Verarbeitung erst recht.

Dezember 2013

Die Halle mitsamt den dort schwimmenden Fischen, die bald groß genug für den Verkauf sind, soll an private Investoren verkauft werden. Der Völklinger Stadtrat stimmt der Veräußerung von sechzig Prozent der Anteile an drei Interessenten zu.

Februar 2014

Die springen jedoch wieder ab, weil die Halle zur Verarbeitung der neuartigen Fischprodukte nicht fertig ist. Konnte ja im Saarland keiner wissen, dass man so etwas braucht.

How much is the fish? In Völklingen jedenfalls immer mehr. Diese »neuartigen Produkte« machen einfach größeren Aufwand als zunächst gedacht: Die Kosten für die Fischzuchtanlage steigen und steigen.

April 2014

Die ersten Fische werden verkauft.

September 2014

Der saarländische Meeresfisch verkauft sich schlechter als erwartet. Seit Ostern sind rund zwanzig Tonnen Fisch verkauft worden, gerechnet worden war aber mit zweihundert Tonnen im Jahr. Geschäftsführer Dahm rechnet mit drei Millionen Euro Verlust im ersten Betriebsjahr. »Wenn ich im Bau bin und in der Produktion bin und noch nichts verkauft habe, dann habe ich diese Miesen«, sagt Dahm. Aber das sei ja nur vorübergehend: »Im Jahr 2015 werden wir Gewinne schreiben.«

Oktober 2014

Mittlerweile ist auch die Verarbeitungshalle fertig. Doch da ist nicht mehr allzu viel zu verarbeiten. Ein Virus hat die

Fische befallen, ein Drittel der Störe stirbt. »Man kann sich im Leben nicht immer die Rosinen rauspicken«, sagt Geschäftsführer Dahm dazu. Für ihn hat es sich sowieso ausgepickt. Da der Fisch oft vom Kopf her stinkt, wird Dahm als Geschäftsführer entlassen.

März 2015

Die Fischzucht steht erneut vor der Pleite. Am 03.04.2015 werde die Kasse definitiv leer sein, berichtet der Saarländische Rundfunk. Die Fische würden derweil unter Produktionspreis verkauft, auf Druck der Amtsveterinäre, weil die Anlage zu voll sei. Die Stadt sucht wieder nach einem privaten Investor für die Anlage, wie bereits 2010 und 2013.

Mehr als zwanzig Millionen Euro hat Völklingen in der Meeresfischzuchtanlage versenkt. Oberbürgermeister Lorig kommt zu einer überraschenden Erkenntnis: »Es ist nicht so gut gelaufen, wie wir gedacht haben.«

»Es ist nicht so gut gelaufen, wie wir gedacht haben«, fasst Bürgermeister Klaus Lorig nach sieben Jahren und in den Fischbassins versenkten zwanzig Millionen Euro zusammen.

Im August 2015 übernimmt ein Schweizer Investor die Anlage, für 1,9 Millionen Euro. Das sind gerade einmal zehn Prozent der Summe, die sich die Stadt dieses Leuchtturmprojekt des Strukturwandels hat kosten lassen.

Im Landtag wird 2016 ein Untersuchungsausschuss eingesetzt, der vornehmlich der Frage nachgeht, ob die saarländische Landesregierung und besonders die damalige Innenministerin Annegret Kramp-Karrenbauer das Projekt nicht gleich zu Beginn hätte stoppen müssen. Das Ergebnis des 62-seitigen Abschlussberichts, der nach 13 Sitzungen im März 2017 vorgelegt wird: Nein, hätte sie nicht. Die heutige Ministerpräsidentin sei im Rahmen der Kommunalaufsicht nicht dazu verpflichtet gewesen, die städtisch betriebene Fischzucht zu unterbinden. Sie habe ihren Ermessensspielraum korrekt ausgenutzt. »Es bleibt festzuhalten, dass sich die Landesregierung zu jedem Zeitpunkt der wirtschaftlichen Risiken des Projekts ›Meeresfischzucht Völklingen‹ bewusst war«, heißt es in dem Bericht. Und weiter: »Gleichwohl hat die Landesregierung ... die Verantwortlichen vor Ort gewähren lassen.« Dass das offensichtlich ein Fehler war, konnte ja niemand auch nur ahnen. Daher gebe es auch keinen unmittelbaren kausalen Zusammenhang zwischen der Genehmigung der Landesregierung sowie der Änderung des Kommunalgesetzes für die Fischzucht und dem entstandenen wirtschaftlichen Schaden.

»Meeresfischzucht im Saarland. Was kommt als Nächstes? Dass Bergziegen gezüchtet werden in Niedersachsen? Oder Profifußballer in Hamburg? Tschuldigung, da muss ich selber lachen!«

Dass es ohne Genehmigung keinen Schaden gegeben hätte, reicht nicht als Kausalkette. Schuld sei ausschließlich die fischverrückte Völklinger Verwaltung. »Die in den Folgejahren durch die Verantwortlichen vor Ort getroffenen eklatanten betriebswirtschaftlichen und kaufmännischen Fehlentscheidungen bedrohten die Völklinger Stadtwerke Holding zeitweise in ihrer Existenz«, ist das vernichtende Urteil, das in dem Bericht gefällt wird. Bis Völklingen die Schulden durch die Fischzucht abgebaut hat, wird es viele Jahre dauern. Bis dahin werden noch viele Fische die Saar hinuntergeschwommen sein. Allerdings keine Nordseefische.

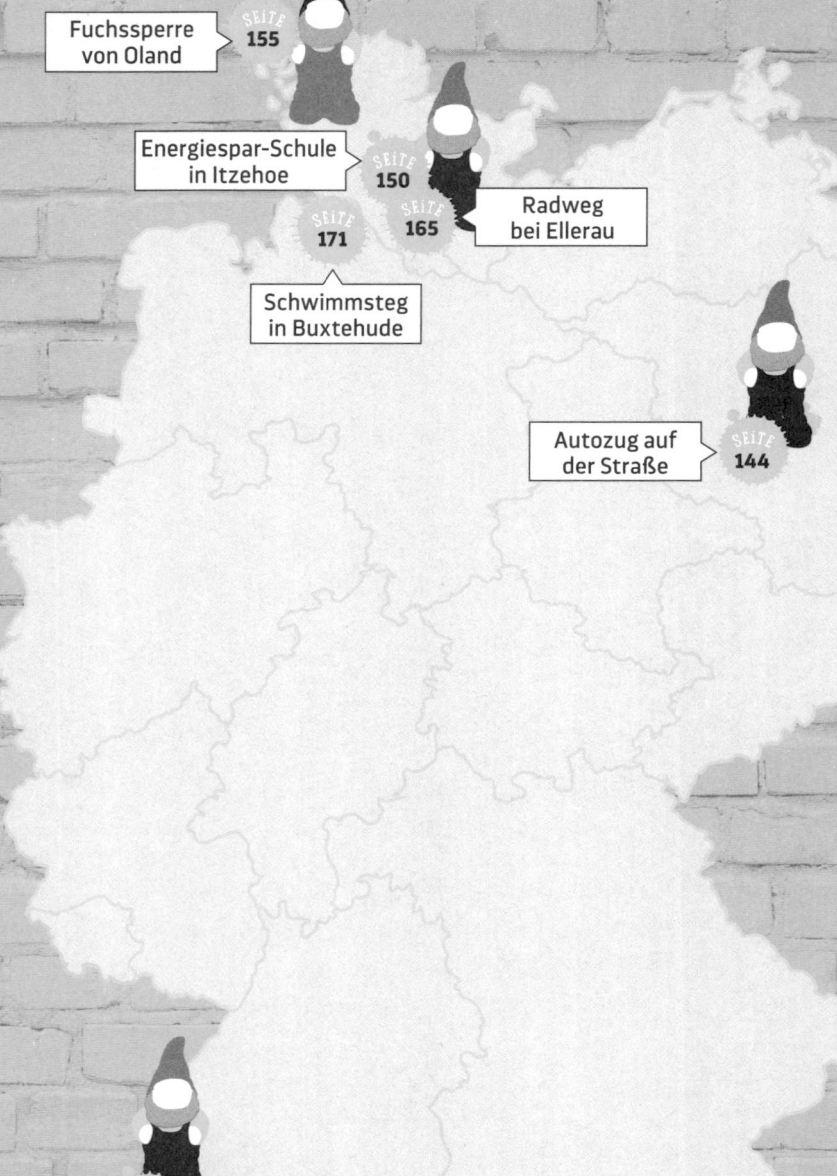

Fuchssperre von Oland
SEITE 155

Energiespar-Schule in Itzehoe
SEITE 150

SEITE 171

SEITE 165

Radweg bei Ellerau

Schwimmsteg in Buxtehude

Autozug auf der Straße
SEITE 144

Tempo-30-Zone in Lörrach
SEITE 160

Kann man so machen,

aber ist dann halt ...

... beknackt, idiotisch oder illegal. Was aber niemanden, über den dieses Kapitel erzählt, davon abgehalten hat, es trotzdem genau so zu machen. Ein Radweg braucht immer eine Anbindung, in einer Tempo-30-Zone gelten grundsätzlich dreißig Stundenkilometer und ein Autozug rollt auf Schienen. Werfen Sie solches in strikten Mustern verhaftetes Denken wie die Protagonisten dieser Geschichten über Bord: Vom BER kann man ja auch nicht in den Urlaub fliegen, und doch ist es ein Flughafen. Also irgendwann einmal. Bestimmt. Was Berlin kann, können Henstedt-Ulzburg, Buxtehude und Lörrach längst – immer dem innovativen Leitmotiv folgend: Warum gut, wenn's auch schlecht geht?

Autozug auf der Straße

Eleonore Günther und ihr Mann wollen mit dem eigenen Wagen in den Urlaub nach Österreich fahren. Die Reise beginnen die beiden Rentner dennoch am Bahnhof Berlin-Wannsee: Der Autoreisezug der Deutschen Bahn macht es möglich.

Die Autofahrt wäre ihnen zu weit: »Ich fahre nicht gerne so lange Strecken«, sagt die ältere Dame. Deshalb hat sie für sich, ihren Mann und natürlich für den Mercedes viel Geld investiert. »Sauteuer« sei der Autozug, 1.350 Euro habe sie für Hin- und Rückfahrt bezahlt. Doch die entspannte Form des Reisens sei ihr das Geld wert. Zudem wird so Benzin gespart, der Autozug ist auch noch umweltschonend.

Das Konzept hat treue Fans. Ein freundlicher Herr, der unüberhörbar alteingesessener Berliner ist, sagt, dass er seit dreißig Jahren zweimal im Jahr mit dem Autozug fahre: »Dit is dat Bequemste überhaupt. Ick bin ja etwas älter, und da is dit natürlich ideal, wenn Sie so'n Auto hier abends auf den Autozug stellen und steigen in den Zug ein.«

Bahnsprecher Jürgen Kornmann fasst die Vorzüge des Systems noch einmal zusammen: »Der klassische Autozugtransport sieht vor, dass die Autos auf einen Zug aufgefahren werden und die Passagiere im selben Zug mitreisen und dann am Zielort ihr Auto wieder vom Zug herunterfahren und ihren Urlaub oder die weitere Reise genießen.«

Doch dieses Prinzip ist ein bisschen überholt. Immer weniger Menschen nutzten in Zeiten von Billigfliegern und günstigen Autovermietungen am Urlaubsort das Angebot, nur noch rund 200.000 Fahrgäste zahlten pro Jahr für den Service, sagt Kornmann. Die Bahn schreibe auf ihren 15 Autozugstrecken rote Zahlen.

Bevor der Zug endgültig abgefahren ist, musste die Bahn umdenken. Im Jahr 2014 hat das Unternehmen sein Konzept deshalb revolutioniert und auf den zwei Pilotstrecken Berlin–München und Düsseldorf–München den »Autozug« weiterentwickelt zu »Auto UND Zug«. »Der Unterschied zwischen dem neuen Konzept ›Auto UND Zug‹ und dem klassischen Autoreisezugkonzept ist, dass Auto und Passagiere bei diesem neuen Pilotprojekt getrennt unterwegs sind«, erklärt Kornmann die neue Zeit. Jetzt werden die Autos zwar immer noch vom Unternehmen transportiert, aber – und das ist neu – auf der Straße.

Am Bahnhof Wannsee fährt am frühen Abend ein Lastwagen vor, parkt rückwärts ein und wird von den Bahnbediensteten mit Eleonore Günthers Mercedes und dem

Beim neuen Konzept »Auto UND Zug« reist das Auto nicht mehr auf Schienen, sondern wird von einem Lkw transportiert.

Jaguar des älteren Berliners beladen. Die Passagiere haben nun zwei Möglichkeiten, an den Zielort München zu kommen und dort ihr Auto in Empfang zu nehmen. Eine ist attraktiver als die andere.

So können sie jeden normalen ICE nehmen. Der fährt allerdings nicht in Wannsee los, sodass die Passagiere nach der Autoabgabe noch einen kleinen Extraweg einplanen müssen. »Dann muss ick wieder mit der S-Bahn in die Stadt fahren zum Hauptbahnhof«, sagt der freundliche Berliner. »Und dann komm ick wieder vorbeijedüst.« Der Lkw ist dann längst unterwegs.

Das Schönste an dem neuen Konzept: Der Zug mit den Passagieren und der Lkw mit den Autos der Passagiere treffen nach ihrer getrennten Fahrt auch an getrennten Orten ein! Der ICE hält in München nur am Hauptbahnhof, der Autolaster kann aus logistischen Gründen nur am Ostbahnhof entladen werden. Um ihren Wagen abzuholen, müssen die Fahrgäste deshalb noch mal einen kleinen Extraweg mit der S-Bahn vom Hauptbahnhof zum Ostbahnhof zurücklegen. Das kennen sie ja schon von der Abfahrt in Berlin. Die Bahn

Bahn-Pressesprecher Jürgen Kornmann erklärt die Vorzüge des neuen Systems: Fahrten zum Verlade- und Abholbahnhof sind gratis.

ist da sehr großzügig und belastet die Kunden nicht noch zusätzlich mit einem S-Bahn-Ticket: »Das Konzept ›Auto UND Zug‹ sieht vor, dass alle Fahrten vom Verladebahnhof zum Hauptbahnhof und auch am Zielort vom Hauptbahnhof zum Entladebahnhof im Ticket drin sind«, stellt Kornmann die unschlagbaren Vorzüge heraus.

Dank »Auto UND Zug« sieht man etwas von den Städten, in denen man früher nur achtlos ausgestiegen und mit dem Auto davongebraust wäre. Kornmann: »Je nachdem ob man sofort dahin fahren möchte oder sich vielleicht in München noch etwas umsehen möchte, kann man dann mit diesem Ticket zum Entladebahnhof fahren.«

Die Alternative zur Fahrt mit dem ICE ist der Nachtzug. Der fährt praktischerweise direkt nach der Autoverladung auf den Lkw in Wannsee los. Für diese Variante entscheiden sich Eleonore Günther, ihr Mann und der freundliche Berliner. Der Nachtzug kommt – wie auch der Autolaster – am Münchner Ostbahnhof an. Allerdings nicht zur gleichen Zeit, wie Kornmann bestätigt: »Die getrennte Verladung hat dann zur Folge, dass der Passagier, wenn er zeitgleich mit dem Nachtzug losfährt, etwas eher am Zielort ist und dann noch etwas warten muss, bis der Autotransport ebenfalls am Zielort eingetroffen ist.«

Ein wenig Entschleunigung beim Start in den Urlaub wird kostenfrei mitgeliefert. Die Bahn legt zudem immer noch viel Wert auf

»Ferienende in Hamburg, Hessen und Rheinland-Pfalz. Der finale Megastau steht kurz bevor. Ganz Deutschland wird zum einspurigen Nadelöhr. Nicht nur dem Körper wird einiges abverlangt, auch den Nerven. Gerade Männer verlieren schnell die Kontrolle über sich. Aber deshalb gleich die Frau ans Steuer lassen?!«

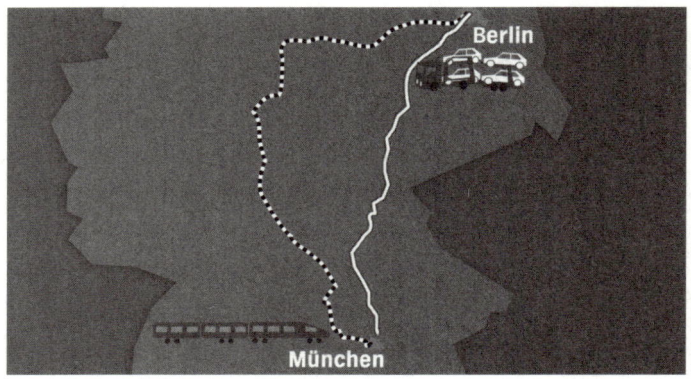

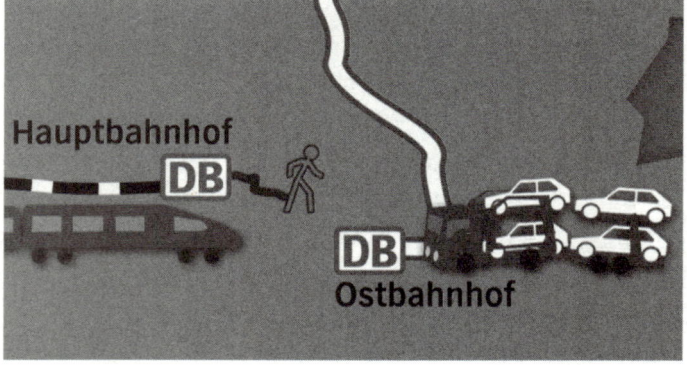

Auto und Zug sind von Berlin aus getrennt unterwegs und kommen in der Regel auch an getrennten Orten in München an. Das Auto muss am Ostbahnhof abgeholt werden. So sieht man noch was von der Stadt.

Umweltbewusstsein – auch wenn parallel zum Zug ein Lkw die Autos transportiert. Laut Kornmann ist die Lösung »mit den Auto-Verlade-Lkw dann doch energieschonender, umweltschonender, als wenn diese Autos selber auf der Autobahn unterwegs sind.« Absolut. Das müssen auch die Kunden einsehen. Die würden übrigens intensiv befragt, sagt Kornmann. Sie sollten das neue Konzept bewerten.

»Beschissen!« Der freundliche Berliner ist plötzlich gar nicht mehr so freundlich, als er seine Bewertung formuliert. »Also ick probier dit einmal und guck mir an, wie dit jeht. Aber dit is 'ne Notlösung.« Aber was ist denn die Alternative zu »Auto UND Zug«? »Dann häng ich mir 'nen Hänger ran und schlepp mein Auto allein.« Das wäre dann das Konzept »Auto UND Auto«.

WAS IST DRAUS GEWORDEN?

Die Deutsche Bahn hat ihr gesamtes Autozugangebot zum 31.10.2016 eingestellt. Um 8:37 Uhr erreichte der letzte Autozug aus Lörrach Hamburg-Altona. Zuvor waren bereits alle anderen Linien nach und nach stillgelegt worden. »Das klassische Autozug-Geschäft hat sich international überlebt«, schreibt eine Bahnsprecherin. Der Betrieb sei defizitär geblieben. Auch »Auto UND Zug« hat daran nichts geändert. Das Programm lief von April 2014 bis Oktober 2015.

Dass das Autozuggeschäft nicht zwangsweise unattraktiv für die Betreiber sein muss, zeigt die ÖBB. Das österreichische Bahnunternehmen hat im Dezember 2016 mehrere Strecken in Deutschland übernommen. Die Züge fahren von Hamburg und Düsseldorf nach Wien und Innsbruck. Das Angebot trägt den Titel »Auto und Motorrad am Zug«: Tatsächlich sind Auto und Passagiere dabei wieder mit demselben Zug unterwegs.

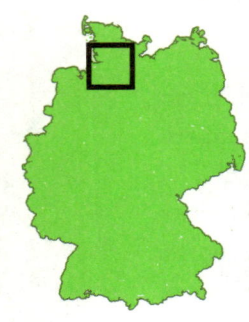

Die Energiespar-
Schule in Itzehoe

Es heißt: Technik ist die Anstrengung, Anstrengungen zu ersparen. An der Kaiser-Karl-Schule in Itzehoe kann man ein Lied davon singen, wie anstrengend diese Anstrengung sein kann. Also zumindest, wenn man zum Singen dieses Liedes kein Licht braucht. Klingt verwirrend? Dann muss Licht ins Dunkel gebracht werden. Die Kaiser-Karl-Schule ist ein städtisches Gymnasium. Von der Stadt hat die Schule eine neue Beleuchtungsanlage spendiert bekommen. Für 400.000 Euro aus dem Konjunkturpaket. So sollten Klassenzimmer, Flure und sonstige Räume der Schule ein modernes und gleichzeitig energiesparendes Lichtkonzept erhalten. Eigentlich eine gute Idee. Es gibt nur einen winzigen Schönheitsfehler an der ganzen Sache. »Das Problem bei dieser Beleuchtung liegt darin, dass sie sich unserer Kontrolle entzieht. Wir sind nicht hundertprozentig Herr der Lage«, erklärt Schuldirektor Burkhard Klietz, denn: »Das Licht geht nicht immer dann an, wenn wir es an haben wollen. Es geht nicht immer dann aus, wenn wir es aus haben wollen.«

Das könnte eventuell daran liegen, dass es keine Lichtschalter mehr gibt. Denn die sind ja traditionell das einfachste Mittel, Licht an- und auch wieder auszuschalten. Stattdessen gibt es an der Kaiser-Karl-Schule jetzt Bewegungsmelder. Die funktionieren, kennt man ja, nach dem durchaus simplen Prinzip: Ist Bewegung im Raum, brennt

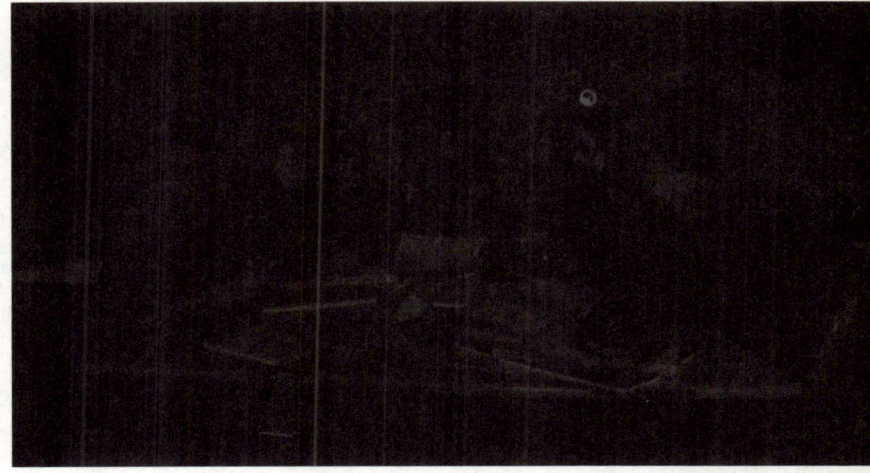

Energiesparen ist eine löbliche Angelegenheit. An der Kaiser-Karl-Schule in Itzehoe gelingt das vorbildlich – dank der neuen Lichtanlage auch während des Unterrichts.

das Licht. Nun gibt es ja durchaus Situationen und Orte, an denen das sinnvoll ist. An einer Schule hingegen ergeben sich durch die Bewegungsmelder verschiedene Schwierigkeiten.

Wenn die Schüler zum Beispiel eine Klassenarbeit schreiben, bewegen sie sich nur wenig. Das Licht geht aus. Tritt dieser Fall ein, muss stets ein Schüler oder der Lehrer aufstehen, winken oder am besten hüpfen, damit der Bewegungsmelder Bewegung meldet und das Licht wieder anschaltet. Dann kann die Klassen- oder Stillarbeit fortgesetzt werden. Natürlich nur, bis sich im Raum wieder zu wenig bewegt wird. »Gestern in der Deutscharbeit, da haben wir drei Stunden geschrieben und da ist das Licht auch ganz oft ausgegangen. Dann kann man halt kurz nicht weiterschreiben und muss dann, wenn man eine Idee hatte, kurz winken, damit man weiterschreiben kann«, erzählt eine Schülerin.

»Auch das G8 dauert mir noch zu lange. Ich sage: Es führt kein Weg vorbei am G6. Unsere weltmarktkompatiblen Turbozöglinge müssen einfach noch schneller fit gemacht werden für den Arbeitsmarkt, sich stromlinienförmig den Wirtschaftsinteressen anpassen. Ein unschlagbares Argument: Wer früher arbeitet, zahlt mehr Steuern. Kinder sind nun mal unsere Humanressourcen, aus denen es das Optimum herauszuquetschen gilt. Denken Sie an den wirtschaftlichen Erfolg von Turbomastfabriken industrieller Fleischerzeugung. Das geht auch mit Kindern!«

Wäre das nur das einzige Problem mit der neuen Anlage. Manchmal soll es im Klassenzimmer nämlich dunkel sein. Zum Beispiel, wenn eine Klasse einen Film anschauen will. Dann werden natürlich die Jalousien geschlossen, um das Tageslicht auszusperren. Das führt dann aber ungünstigerweise dazu, dass das Licht im Klassenraum angeschaltet bleibt, denn die Lichtautomatik findet dann, dass es sonst zu dunkel ist. Und da es keine Schalter gibt, um das Licht auszuschalten, kann man in dem Fall nur mit Beleuchtung den Film sehen – beziehungsweise nicht sehen, weil es zu hell ist.

Hätte man diese Schwierigkeiten nicht eventuell früher erkennen können? Bevor die teure Lichtanlage eingebaut wurde? Der Direktor weiß, wo der Fehler liegt: »Schiefgelaufen ist, dass die planende Behörde, das Bauamt der Stadt Itzehoe, uns nicht gefragt hat nach unseren Bedürfnissen, nach unseren Anforderungen an eine moderne Lichtanlage«, klagt Klietz. Das will die Stadt Itzehoe nicht auf sich sitzen lassen. Sie entscheidet, nachzubessern.

Konkret bedeutet das: Die Stadt hat der Schule Fernbedienungen geschickt, mit denen man, vergleichbar mit dem Lichtschalter

Wer keine Energie spart, sind Schüler und Lehrer, denn sie müssen mehrmals pro Stunde aufstehen und winken, damit das Licht wieder angeht.

Zeigt der Lehrer einen Film, so geht das Licht im abgedunkelten Klassenraum nicht mehr aus. Schalter gibt es nicht.

in der Wand, das Licht manuell an- und ausschalten kann. Technik kann so raffiniert sein! Wenn sie denn funktioniert. Denn auch die Fernbedienungen haben so ihre Tücken. »Die funktionieren nicht immer, leider Gottes. Aus welchen Gründen, weiß ich nicht. Und dann steht man als Lehrer hier und versucht, das Licht auszuschalten, und sorgt für eine gewisse Form von Heiterkeit«, erklärt Direktor Klietz, während er verzweifelt auf die Fernbedienung drückt.

Heiterkeit und Verzweiflung, Licht an und Licht aus. Das Kaiser-Karl-Gymnasium bleibt wohl eine Schule, in denen hellen Köpfen zwar ein Licht aufgeht – aber nur, wenn sich jemand bewegt.

WAS IST DRAUS GEWORDEN?

In der Kaiser-Karl-Schule hat sich viel getan. Aber nicht an der Beleuchtungsanlage. Denn die gibt es tatsächlich nach wie vor – inklusive der Bewegungsmelder. Was sich verändert hat, ist vielmehr die Einstellung der Lehrer und Schüler gegenüber der Anlage. So kann der jetzige Schulleiter berichten, dass sich alle in der Schule an diese Art der Beleuchtung gewöhnt haben. Sämtliche Bewegungsmelder arbeiteten zuverlässig. Es komme nur »selten bis gar nicht zu Schwierigkeiten«. Also vielleicht doch ein Beleuchtungskonzept, das in Zukunft Schule macht?

Die Fuchssperre von Oland

Auf der Hallig Oland ... Was? Oland kennen Sie nicht? Das ist eine Hallig im nordfriesischen Wattenmeer in der Nordsee. Also ungefähr da, wo sich Fuchs und Hase »Gute Nacht« sagen. Und genau darin liegt das Problem. Denn der Fuchs hat auf Oland nix zu suchen. Aber von vorne: Ein Damm, auf dem eine Lore fährt, verbindet die Hallig Oland mit dem Festland. Aber angeblich saust nicht nur die Lore über den Damm, so der Biologe Walther Petersen-Andresen: »Das ist wie eine Autobahn für den Fuchs, er kann hier wunderbar rüber laufen und drüben auf der Hallig die vielen Brutvögel als Nahrungsgrundlage nutzen«.

Auf Oland herrscht Fuchsalarm! Das geht doch aber auch nicht: Über den Damm auf die Hallig einfallen und die brütenden Vögel fressen? Da muss etwas getan werden! Zum Glück hatte der Landesbetrieb für Küstenschutz eine raffinierte Idee und hat auf halber Strecke den Damm baulich verändert. »Wir haben hier eine Fuchssperre eingebaut, damit der Fuchs nicht ungehindert zur Hallig Oland laufen kann«, erklärt Dieter Schultz vom Landesbetrieb. Die Fuchssperre funktioniert laut Schultz so: »Hier haben wir die Schienen ganz bewusst auf ein Holzständerwerk gestellt.«

So einfach wie genial. Auf hundert Metern Länge sind die Zwischenräume zwischen den Bahnschwellen nach

Der Landesbetrieb für Küstenschutz hat einen Teil des Damms nach Oland auf ein Trägergestell verlegt. Das soll den Fuchs am Überqueren hindern, sagt Dieter Schultz.

unten offen, damit der Fuchs nicht einfach so darüber laufen kann. Die Konstruktion ist derartig ausgefuchst, damit es sich auf der Hallig ausgefuchst hat. Auf dem vorderen, dem Festland zugewandten Teil liegen die Schienen für die Lore auf einem Teerbett, über das man, also Fuchs, ganz einfach drüber spazieren kann. Einmal an der Fuchssperre angekommen, gibt's kein Weiterkommen. Dafür sorgt die aufwendige Konstruktion auf zweihundert Lärchenstämmen mit Außenschutzwand. Die hatte natürlich ihren Preis. Für knapp 500.000 Euro sind die Vögel auf Oland sicher. Die Halligbewohner atmen auf. Stellvertretend für alle bedankt sich Fiede Nissen, der Bürgermeister von Oland: »Wir haben hier kaum Füchse auf der Hallig. Das kommt ganz selten mal vor im Jahr, dass sie sich von Dagebüll hierüber bewegen.« Aber *wenn* doch mal einer kommt, hat der dank Fuchssperre keine Chance! Oder? »Die Fuchssperre ist zu weit draußen. Der Fuchs hat quasi den halben

Weg zur Hallig zurückgelegt, und wenn er dort draußen ist und es kommt eine Lore von hinten, dann würde er möglicherweise weiterlaufen«, erklärt Biologe Walther Petersen-Andresen. In dem Fall würde der Fuchs nämlich von Schwelle zu Schwelle springen. Aber auch ohne Lore von hinten könnten die Tiere nach wie vor auf die Hallig gelangen. Der Fuchs ist halt ein Fuchs, weiß Bürgermeister Fiede Nissen: »Der Fuchs könnte auch neben dem Damm laufen. Er weiß auch, wann Ebbe und Flut ist. So ist das nicht, ne?«

Ja, wenn das so ist. Der Fuchs scheint ja ein ganz Schlauer zu sein. Fassen wir noch mal zusammen: Die Fuchssperre schützt die Vögel vor Füchsen, die nur ganz selten überhaupt auf die Hallig kommen und die dann sowieso lieber bei Ebbe neben dem Damm herlaufen. Gesicherte Erkenntnisse liegen diesbezüglich aber noch nicht vor. Und deshalb

Laut Bürgermeister Fiede Nissen kommt ganz selten mal ein Fuchs nach Oland. Und er könnte das auch weiterhin tun, indem er einfach neben dem Damm läuft.

lässt man sich beim Landesbetrieb für Küstenschutz nicht
verunsichern. »Also seit zwei Jahren ist diese Fuchssperre
fertiggestellt, und ob diese Fuchssperre nun Wirkung hat,
dass der Fuchs nicht rübergeht, das können wir zurzeit noch
nicht genau beurteilen. Deshalb ist jetzt für fünf Jahre ein
Untersuchungsprogramm angesetzt, ob der Fuchs tatsächlich hier stehen bleibt oder ob er tatsächlich rüber läuft«,
erklärt Dieter Schultz. Richtig so, erst mal abwarten und
schauen, was passiert. Und um auf Nummer sicher zu gehen, gibt's jetzt auch noch ein Warnschild am Anfang des
Damms. Füchse dürfen hier nicht durch!

Der schlaue Fuchs wird das Schild schon lesen können.

Wer ein echter Schlaufuchs ist, weiß ganz genau, für wen am Anfang des
Damms dieses Verbotsschild aufgestellt wurde.

Die Fuchssperre vor Oland gibt es auch knapp fünf Jahre nach unserem extra 3-Beitrag immer noch. Der zuständige Landesbetrieb für Küstenschutz, Nationalpark und Meeresschutz Schleswig-Holstein gibt zu Protokoll, man sei sehr zufrieden mit der Fuchssperre. Sie wirke »immer noch positiv«, heißt es, und weiter: »Die Fuchssperre ist im Zusammenwirken mit Optimierungsmaßnahmen wirksam.« Zu diesen Optimierungsmaßnahmen zählen laut Angaben des Landesbetriebs unter anderem: 1. »Einsatz von Vergrämungs- und Verstänkerungsmaßnahmen«. Was so lustig klingt, ist im Grunde genommen der Einsatz von Geruchsstoffen, die den Fuchs fernhalten sollen. 2. »Anlegen eines Priels im Sperrenbereich zur Verhinderung der Umläufigkeit«. Gemeint ist wohl das Ausheben eines Wasserlaufs im Watt, damit der Fuchs nasse Füße bekommt, will er die Fuchssperre umgehen. 3. »Abgestimmtes Fallenmanagement an relevanten Strecken« und 4. »Bejagung außerhalb der Schonzeiten«.

Das geschickte Zusammenspiel aus all diesen Maßnahmen und der Fuchssperre soll dem frechen Fuchs weiterhin Einhalt gebieten! Davon ist man beim Landesbetrieb überzeugt. Und man beobachtet weiter intensiv, ob es klappt. Das angekündigte fünfjährige Untersuchungsprogramm dauert noch an. Es wurde sogar noch mal verlängert.

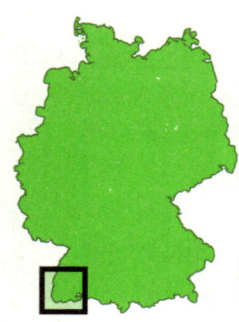

Besondere Tempo-30-Zone in Lörrach

Lörrach, ganz links unten in Deutschland: Am äußersten Rand der Republik gelten andere Regeln als im Rest des Landes. Hier herrscht das Recht des Schnelleren, ganz offiziell. Der Verkehr in der Wallbrunnstraße etwa läuft nach Südwest-Manier, ohne die sonst übliche Verbindlichkeit von Höchstgeschwindigkeiten.

Und das hat eine Vorgeschichte: Um die Anwohner vor Autolärm zu schützen, wurde 2014 auf einem Teilstück der Wallbrunnstraße testweise eine Strecke mit einer zulässigen Höchstgeschwindigkeit von dreißig Stundenkilometern eingerichtet. Langsamer fahrende Autos machen weniger Krach, so die Überlegung. Damit sich auch alle daran halten, wurde eine Radaranlage gleich mit installiert. Der Blitzer hat daraufhin gemacht, was Blitzer so machen: geblitzt. Sehr oft geblitzt.

»Es gab viele undisziplinierte Autofahrer, das muss man wirklich so sagen«, erinnert sich Petra Höfler, Gemeinderätin von der CDU. Mehrere tausend Mal löste die Radarfalle aus, weil Autofahrer schneller als die erlaubten dreißig Stundenkilometer unterwegs waren. »Wir haben durch den Blitzer enorm viel Geld eingenommen«, sagt Margarete Kurfeß, Gemeinderätin von den Grünen.

Worüber sich Politiker andernorts wohl freuen würden, löste in Lörrach jedoch Kopfschütteln aus, zumindest bei

der CDU und den Freien Wählern. Man will die Autofahrer nicht so stark belasten, nur, weil sie sich nicht an die Regeln halten. Die beiden Parteien sind gegen die Tempo-30-Strecke und hätten diese gerne verkürzt oder am liebsten gleich ganz abgeschafft. Das geht jedoch nicht, weil Bürgermeister Jörg Lutz den Anwohnern den Erhalt der Zone zugesichert hat.

Die gewieften Gemeinderäte tüfteln einen Kompromiss aus, der seinesgleichen sucht: »Die Lösung, die jetzt vorgeschlagen wurde, sieht so aus, dass hier dreißig gefahren werden darf, aber erst bei fünfzig geblitzt wird«, fasst Matthias Lindemer zusammen. Der Gemeinderat der Freien Wähler hält das für eine gelungene Entscheidung. Höfler von der CDU hingegen ist sich im Nachhinein nicht mehr so sicher. »Ich kann es Ihnen nicht genau sagen, ich kann es Ihnen wirklich nicht näher sagen«, beteuert sie auf die Frage, wie

Matthias Lindemer von den Freien Wählern hat zusammen mit der CDU durchgesetzt, dass der Blitzer in der Dreißiger-Zone erst ab fünfzig km/h auslöst.

der Beschluss zustande kam. Die Erinnerung setzt erst danach wieder ein. »Wir sind aus der Sitzung raus, haben noch eine Weinschorle miteinander getrunken und waren schon sehr über uns selbst erstaunt, was wir da gemacht haben.«

Das ist doch auch was, wenn man sich noch selbst überraschen kann. Und Hauptsache, die Schorle schmeckt. Da müssen die sonst überall geltenden Regeln auch nicht so streng ausgelegt werden. Während eine Geschwindigkeitsüberschreitung von bis zu 19 km/h andernorts mit 35 Euro bestraft wird, gibt es sie in Lörrach zum Nulltarif. Seit Dezember 2014 wird in der Wallbrunnstraße bis 49 km/h nicht geblitzt.

»Es gab erst im Nachhinein Zweifel, was wir da eigentlich gemacht hatten«, sagt Höfler, als sie sich im Januar 2015 vor Ort das Verkehrsverhalten anguckt. Das ist im Grunde wieder so wie vor der Einrichtung der geschwindigkeitsbeschränkten Strecke.

Die Situation sei natürlich für alle unbefriedigend, sagt Höfler. »Eine Dreißiger-Zone, wo erst bei fünfzig geblitzt wird, wer versteht das schon?« Doch manchmal sei man erst im Nachhinein klüger. »Dazu muss ich unsere Fraktion auch zählen.« Und im Nachhinein gab es ja Schorle. Was mal wieder beweist: Im Wein liegt die Wahrheit – wenn auch leicht verwässert.

WAS IST DRAUS GEWORDEN?

In Lörrach ist aus der Tempo-30-Teststrecke auf der Wallbrunnstraße eine Dauerlösung geworden. Das gesetzlich vorgeschriebene Verfahren zur Erstellung eines Lärmaktionsplans mit Maßnahmen zur Lärmminderung sei vom Gemeinderat im Oktober 2015 beschlossen worden. »Durch das gesamthafte Konzept wurde auch die Grundlage für die Dreißiger-Strecke geschaffen«, schreibt Steffen Adams,

Wie der Blitzer-Beschluss zustande kam, weiß CDU-Gemeinderätin Petra Höfler nicht mehr so genau. Nur noch, dass es hinterher Weinschorle gab.

stellvertretender Fachbereichsleiter Presse- und Öffentlichkeitsarbeit im Lörracher Rathaus. Und zwar »innerhalb eines Verfahrens, das die Interessen in der gesamten Stadt abgewogen hat«. Also die Interessen von Anwohnern, Tempo-50-Unterstützern und Schorletrinkern.

Den Tempo-50-Fans von der CDU und den Freien Wählern ist man ein Stück weit entgegengekommen bei der nun permanenten Ausschilderung der Tempo-30-Zone im Februar 2016. »Die Strecke wurde um etwa 65 Meter verkürzt, weil detaillierte Berechnungen für den oberen Bereich der Wallbrunnstraße keine Überschreitung der Lärmwerte zeigten«, schreibt Adams. Die provisorische Übergangsregelung sei damit beendet. Und noch was: »Der Blitzer löst seitdem wieder ab dreißig km/h aus.« Das Tempolimit werde mittlerweile gut akzeptiert. Ist ja interessant: Das Limit wird nun akzeptiert. Ob das wohl damit zu tun hat, dass ein Überschreiten nun direkt kostet und nicht erst, wenn man zwanzig km/h zu schnell fährt?

»Frage: Können Sie sich noch an den legendären Satz aus Derrick erinnern? ›Harry, hol schon mal den Wagen‹? Was wäre, wenn der Satz zukünftig lautete: ›Wagen, hol schon mal den Harry‹. Wird der Albtraum wahr? Kommt jetzt das selbstfahrende Auto?«

Der neue Radweg bei Ellerau

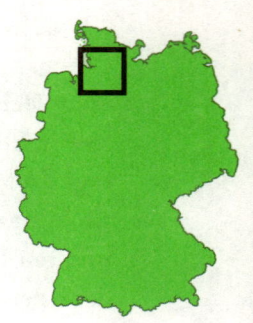

Helmut Schümann fährt gerne Rad. Ist ja schließlich auch gesund. Selbst bei Regen fährt er locker lässig, wie er so ist, die sechs Kilometer von Ellerau nach Henstedt-Ulzburg. Für Helmut ist das ein Klacks. Zumal es ja nun auf dieser Strecke einen tollen Fahrradweg gibt. Nun gut, nicht auf der ganzen Strecke zwischen diesen beiden schleswig-holsteinischen Orten. Da wollen wir mal nicht übertreiben! Aber immerhin auf einer Teilstrecke. Nämlich über die Brücke, die über die Autobahn führt. Wenn das mal nix ist! Die Autobahn wurde generalüberholt. Bei der Gelegenheit wurde die Brücke gleich mit saniert. Und wo man schon dabei war, hat die Brücke im Zuge dessen noch einen neuen Rad- und Gehweg bekommen. Über die ganze Länge der Brücke, über die vollen 55 Meter gibt's jetzt einen feinen neuen Radweg! So weit, so gut. Na ja, aber irgendwas ist ja immer. So auch hier. Denn wie Helmut von der Straße auf den Radweg kommen soll, das steht in den Sternen. Da steht nämlich interessanterweise eine Leitplanke im Weg, die weit über die Brückenenden hinweg durchgezogen ist. Auf beiden Seiten der Brücke natürlich, und so gibt es leider keinen Zugang zum neuen Radweg.

Helmut, was sagst du denn dazu? »Das heißt: Mein Fahrrad und ich müssten fliegen können«, analysiert er treffsicher. Auch die anderen Bewohner von Ellerau haben eine klare Meinung dazu. »Ich wohne seit zweiundvierzig Jahren hier in Ellerau, aber so was habe ich noch nicht miterlebt«, sagt ein Mann vor dem örtlichen Supermarkt. Eine Passantin in Rage: »Ich find das unmöglich! Fragen Sie doch mal unseren Bürgermeister!« Gute Frau, gute Idee! Was sagt denn der Bürgermeister von Ellerau zum Radweg ohne Zugang? Zuerst wurde die Brücke mit dem Radweg ja geplant. Dann wurde sie gebaut. Und dann? »Und dann waren wir natürlich neugierig und haben geguckt, na mal sehen, wie das jetzt geworden ist, und dann mussten wir feststellen, dass die Schutzplanke so weit durchgezogen ist, dass man diesen Geh- und Radweg gar nicht nutzen kann«, erklärt Eckart Urban.

Ja, dumm gelaufen. Aber vielleicht kann man ja Zugänge schaffen, indem man die Leitplanke wegnimmt? Dazu schreibt der Kreis Segeberg als Bauträger Folgendes: »Die (...) installierte Leitplanke ist aus Gründen der Verkehrssicherheit zwingend erforderlich.« Und zwar, damit keine Autos durchs Brückengeländer brechen und abstürzen. Doch dadurch, dass nicht mal eine kleine Lücke gelassen wurde, ist auch der

Der neue Radweg über die Autobahnbrücke ist da, allerdings gibt es keinen Zugang. Radfahrer Helmut ist verwundert.

Radweg sicher – und zwar vor Helmut. Der wundert sich: »Da kann man sich nicht nur wundern, da kommen schon fast Rachegefühle auf.« Mensch, Helmut, nun wollen wir aber mal die Kirche im Dorf lassen. Sicherheit geht nun mal vor! Du bist doch von der Grundanlage her ein sportlicher Typ. Dich wird doch so eine kleine Leitplanke nicht aufhalten. Hände an den Fahrradrahmen, einmal kräftig Luft holen und aus dem Rücken kontrolliert nach oben heben. Jetzt nur noch auf der anderen Seite abstellen. Zack!

Aber es gibt ja für alles eine Lösung: Rad über die Leitplanke gehoben und schon kann der neue Radweg genutzt werden. Allerdings nur auf 55 Metern. Die kann Helmut aber so oft er möchte hin- und herfahren.

Und einmal drüben, kann man doch den neuen Radweg in vollen Zügen genießen. So kriegt Helmut zu seinem Ausdauertraining beim Fahrradfahren auch noch eine Einheit Krafttraining. So muss man das sehen! Da haben sich die 400.000 Euro für die Neugestaltung der Brücke doch gelohnt. Nun kann Helmut hier in Ruhe hin- und herfahren.

Leitplanken

Den korrekten Umgang mit Leitplanken – oder, wie sie recht plastisch im Amtsdeutsch heißen: »Fahrzeug-Rückhaltesystemen« – regeln gemeinhin die »Richtlinien für passiven Schutz an Straßen durch Fahrzeug-Rückhaltesysteme (RPS 2009)«. Diese Richtlinien wurden vom Bund-Länder-Arbeitsgremium »Schutzeinrichtungen« erarbeitet. »Die Einsatzempfehlungen enthalten Hinweise zur Planung und Auswahl von Fahrzeug-Rückhaltesystemen sowie eine Zusammenstellung von häufigen Fragestellungen und Antworten (...)«, heißt es dort. Die Ellerauer Problematik wird unter Punkt 4 beschrieben: »Schutzeinrichtungen auf Brücken und Stützwänden«. Unter (1) steht: »Die auf einer Brücke installierte Schutzeinrichtung muss nach Abschnitt 3.5.1.3 der RPS mit der entsprechenden Aufhaltestufe auch über die Brückenenden hinaus fortgeführt werden. Das bedeutet, dass eine Schutzeinrichtung zur Verfügung stehen muss, die sowohl für die Strecke (z. B. gerammt) als auch für das Bauwerk (z. B. geschraubt) positiv nach DIN EN 1317 hinsichtlich der geforderten Aufhaltestufe geprüft wurde.« Alles klar so weit.

Schließlich muss der neue Weg ja genutzt werden. 55 Meter in die eine Richtung, dann umdrehen und 55 Meter in die andere Richtung fahren, herrlich! Denn weg kommt man hier ja nicht, ohne die Leitplanke erneut überklettern zu müssen. Aber dieses ganz besondere Radfahr-Erlebnis ist nur von kurzer Dauer. Wahrscheinlich. Denn bald soll zwischen Ellerau und Henstedt-Ulzburg ein kompletter Radweg entstehen, sogar mit Zugängen. Dann muss niemand mehr über Planken klettern. Das bestätigt auch der Bürgermeister.

Reporter: »Die Planungen dafür haben schon begonnen?«
Urban: »Noch nicht, aber ich denke, dass sie bald beginnen werden.«
Reporter: »Aber die Grundstücke sind schon gekauft?«
Urban: »Noch nicht.«
Reporter: »Aber man weiß schon, wer das alles bezahlt?«
Urban: »Das ist auch noch nicht klar.«

Bürgermeister Eckart Urban verspricht, dass bald ein durchgängiger Radweg kommt: Es fehlen nur noch die Planungen, das Geld und die Grundstücke.

Es kann ja auch nicht immer alles zu jedem Zeitpunkt klar sein. Aber die eine Sache ist dann wohl klar: Helmut bleibt weiterhin fit wie ein Turnschuh!

Anreise

Wer auch einmal den Radweg auf der Brücke austesten möchte, fährt von Ellerau nach Henstedt-Ulzburg oder umgekehrt, und zwar auf der Kadener Straße. Ungefähr in der Mitte beider Orte steht das neue Bauwerk und überspannt die A 7.

GEPRÜFT

Der Schwimmsteg in Buxtehude

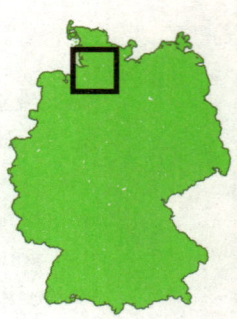

Heutzutage haben Städte und Gemeinden häufig ein Motto, einen Slogan, der etwas über die Stadt aussagen und sie gut aussehen lassen soll: »Passau – Leben an drei Flüssen«. »München mag Dich!« »Mannheim – Leben im Quadrat«. Der Werbespruch für Buxtehude in Niedersachsen lautet: »Buxtehude – Schlau, wer schon da ist!« Genau! Denn in Buxtehude wimmelt es nur so von schlauen Köpfen und schlauen Ideen. Zum Beispiel kam die Stadt auf die tolle Idee, einen Schwimmsteg zu bauen.

Ein Schwimmsteg ist ein künstlich angelegter, schwimmender Weg über Wasser. In Buxtehude fließt das Flüsschen Este. Und über die Este führt die Hafenbrücke. Möchte man als Fußgänger am Ufer der Este entlangspazieren, stößt man irgendwann auf die Hafenbrücke und der Weg geht nicht weiter. Die Stadt hat nun aber einen Steg gebaut, der vor der Brücke beginnt, U-förmig unter ihr hindurch übers Wasser führt und auf der anderen Seite wieder auf den Fußgänger-weg trifft. Eine Unterführung für die Brücke sozusagen. Stolze 36 Meter lang. Fußgänger können hier dank des Schwimmstegs direkt über die Este laufen. Wie idyllisch! Einmal unter der Brücke durch und auf der anderen Seite wieder raus. Genau genommen können das nur sehr kleine Fußgänger machen. Es ist nämlich etwas wenig Platz. »Für

Passanten ist das gar nicht möglich, dann müssten die hier durchrobben!«, erklärt der Buxtehuder Gerd Siemens.

Also robben ginge! Bei dem Abstand von 85 Zentimetern zwischen Steg und Brücke. Zugegeben: Das ist schon eher ungewöhnlich für einen Schwimmsteg, der für Fußgänger zugänglich sein soll. Kann es sein, dass bei der Planung ein winziges Detail nicht bedacht wurde? Gerd Siemens hat eine Idee, was das gewesen sein könnte: »Ich bin der Meinung, dass die Planer dieses Steges hier vergessen haben, dass wir hier in Buxtehude Ebbe und Flut haben, und das ist eine Differenz von 2,20 Meter.« Ach ja, stimmt, so ein Schwimmsteg schwimmt ja auf dem Wasser! Das heißt auch, dass er bei Hochwasser hochsteigt. Das konnte doch niemand ahnen. Also außer allen, die in Buxtehude leben und wissen, dass die Este dem Tidenhub ausgesetzt ist. Und das zweimal am Tag.

Der Buxtehuder Schwimmsteg auf dem Fluss Este ist eine feine Sache. Er hat nur ein Problem: Er schwimmt. Und zwar bei Flut bis ziemlich dicht unter die Brücke.

Deshalb ist der teure Schwimmsteg mehrere Stunden am Tag leider nicht zu benutzen. Dass man diese Kleinigkeit vergessen hat, das würde der Bürgermeister so nicht sagen. »Wir nehmen die partielle Nichtbenutzbarkeit in Kauf. Ähnlich wie man in Kauf zu nehmen hat, dass man während der Flut das Wattenmeer nicht betreten sollte«, erklärt Jürgen Badur, der Buxtehuder Bürgermeister. Eben, man muss die Natur nun mal in Kauf nehmen. Auch wenn dieser Kauf 70.000 Euro kostet. Mit der »partiellen Nichtbenutzbarkeit« muss man sich einfach arrangieren. Denn es gibt ja durchaus Zeiten am Tag, an denen genug Platz unter der Brücke ist, um drunter durch zu gehen. Also theoretisch. Denn praktisch ist es auch dann nicht erlaubt. Es fehlt ein Geländer.

»Der Schwimmsteg ist gefährlich, weil wenn jetzt zum Beispiel Kinder hier spielen würden, die doch ruckzuck ins Wasser fallen ohne Geländer«, echauffiert sich der Buxtehuder Dieter Wendelmut. Aber für das Fehlen des Geländers gibt es eine einfache Erklärung! »Bei jeder Flut würde das Geländer zerquetscht werden«, schlussfolgert Gerd Siemens richtig. Das klingt sinnvoll. Aber auch nach ein paar Problemen mit dem Schwimmsteg. Das sieht selbst Bürgermeister Badur so: »Ein paar Probleme, das wäre noch eine vorsichtige Formulierung. Ich darf das wiederholen: Die Ausführung ist eine sehr mangelhafte, eine sehr fehlerhafte.« Ja gut, das kann man so sehen. Aber zum Glück ist der Schwimmsteg ja nicht ausschließlich für die Fußgänger da, er soll auch als Bootsanleger dienen. Das wird ja wohl möglich sein. »Das Problem an dem Steg ist, dass er für Kajak- und Kanufahrer zu hoch ist, und die weiter unten angebrachten Bretter sind zu kurz, um daran vernünftig aussteigen zu können«, beschwert sich Sebastian Bückner vom Buxtehuder Wassersportverein. Gut, man kann den Schwimmsteg als Fußgänger nicht benutzen, weil es kein Geländer gibt, und als Wassersportler auch nicht, weil er so konzipiert ist, dass man nicht anlegen kann. Und dann noch die Sache mit dem Hochwasser. Aber deswegen von einer schlechten Idee zu sprechen? Das wäre nun wirklich etwas übertrieben. Trotzdem hat die Stadt den Steg gesperrt, oder? »Er ist gesperrt. Korrekt würde die Formulierung lauten: Er ist, nachdem er konstruiert worden ist, noch nicht freigegeben. Er war nie in Benutzung«, korrigiert der Bürgermeister. Noch nie benutzt. Dann ist der Steg zumindest noch nicht abgenutzt. So muss man das doch sehen. Die Stadt Buxtehude prüft nun, ob sie den 70.000 Euro teuren Steg wieder abreißt. Dann heißt es: »Buxtehude – wir hatten mal einen Schwimmsteg«.

Der Schwimmsteg von Buxtehude hat die Zuständigen der Stadt noch lange beschäftigt. Selbst ins *Schwarzbuch* des Steuerzahlerbundes, das eklatante Fälle von Verschwendung öffentlicher Gelder auflistet, hat er es geschafft. Noch im Jahr 2010 gab es auf Seiten der Stadt die Idee, den Steg zwar für Fußgänger gesperrt zu lassen, ihn aber als reinen Bootsanleger zu nutzen. Das *Hamburger Abendblatt* schrieb damals: »Um zu verhindern, dass Passanten versehentlich auf den Steg gelangen und möglicherweise zu Schaden kommen, sollen zudem relativ schwer zu öffnende Tore, wie es sie etwa auch an Deichen gibt, an den Enden des Stegs angebracht werden. Die Schilder mit der Aufschrift ›Betreten auf eigene Gefahr‹ sollen ebenfalls bleiben.« Im Jahr 2013 dann verkündete die Stadtverwaltung, dass der Steg versetzt werden solle. Man würde ihn abbauen und an anderer Stelle im Hafen von Buxtehude wieder aufbauen. Laut der Zeitung *Wochenblatt* solle dieser Umzug gut 10.000 Euro kosten. Auf Anfrage erklärt die Stadtverwaltung Buxtehude, wie es heute um den Steg steht: In Teilen besteht die Schwimmsteg-Anlage unterhalb der Brücke noch. Die beiden Seitenteile existieren noch und sollen links und rechts der Brücke als Anlege- und Einlassstelle für Wassersportler genutzt werden. Lediglich das Mittelstück wurde abgebaut und an eine andere Stelle im Buxtehuder Hafen gebracht. Über den ursprünglichen Schwimmsteg hat nie ein regulärer Fußgänger einen Schritt gemacht.

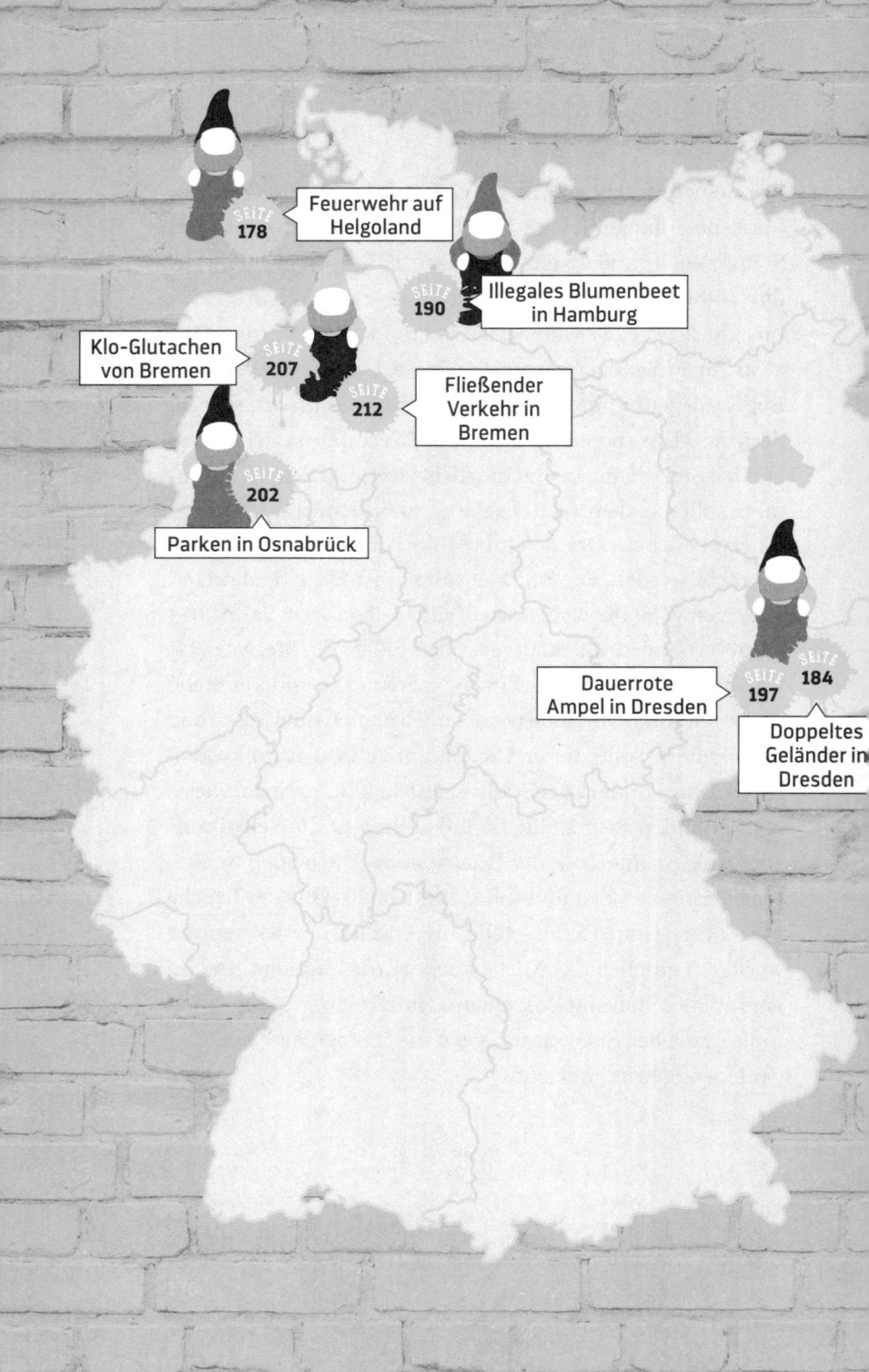

Feuerwehr auf Helgoland
SEITE 178

Illegales Blumenbeet in Hamburg
SEITE 190

Klo-Glutachen von Bremen
SEITE 207

Fließender Verkehr in Bremen
SEITE 212

Parken in Osnabrück
SEITE 202

Dauerrote Ampel in Dresden
SEITE 197

Doppeltes Geländer in Dresden
SEITE 184

Lieber auf
Nummer sicher gehen

Ist der Papst katholisch? Scheißt der Bär in den Wald? Trägt Angela Merkel gerne Hosenanzüge? Wenn Sie bei den Antworten auf diese Fragen nicht sicher sind, dann wird das hier Ihr neues Lieblingskapitel. Denn hier werden bisherige Konzepte und vermeintliche Gewissheiten kritisch hinterfragt. Hier wird genau nachgeprüft und nachgemessen. Absolute Sicherheit kann es nie geben, aber deutsche Beamte streben danach, sich ihr so weit es geht anzunähern. Und in mancher Amtsstube heißt es: Wenn ich mal nicht weiter weiß, gründe ich 'nen Arbeitskreis – oder bestelle ein Gutachten. So viel ist sicher.

Die Feuerwehr auf Helgoland

Wer schon mal auf Helgoland war, der weiß, die Insel steckt voller Besonderheiten. Es gibt keinen zweiten Ort in Deutschland, der so ist wie Helgoland. Die spezielle Lage mitten in der Deutschen Bucht, die lange Anreise per Schiff, die Flora und Fauna – Helgoland ist einzigartig. Etwa 1.500 Helgoländer leben auf der vier Quadratkilometer großen Insel. Im Sommer kommen schätzungsweise bis zu 3.000 Gäste täglich. Was Helgoland mit anderen Gemeinden gemein hat, ist eine freiwillige Feuerwehr. Nur hat die Helgoländer Feuerwehr – passend zur Insel – ein einzigartiges Problem.

Wenn es auf der Insel brennt, rückt der Feuerwehrwagen aus. Genauer gesagt die sogenannte Drehleiter – also das große Geschütz. Das geht aber nur, wenn gerade jemand da ist, der die Drehleiter auch fahren darf. Davon gibt es im Moment nicht so viele. Fünf Feuerwehrleute haben den entsprechenden Führerschein. Drei davon sind allerdings gar nicht im Feuerwehraußendienst tätig, sondern haben andere Funktionen. De facto gibt es also nur zwei aktive Fahrer, sagt die Feuerwehr.

Aber dieses Problem lässt sich ja zum Glück ganz einfach lösen. Die übrigen Feuerwehrleute können ja einfach einen Führerschein machen, damit sie im Notfall auch den Feuerwehrwagen fahren dürfen. Die Richtlinien dafür legt das Verkehrsministerium in Kiel fest. Heiko Ederleh,

Wehrführer der Feuerwehr Helgoland kennt diese Regeln: »Unsere Vorgabe zurzeit ist die komplette Theorieausbildung des Führerscheins Klasse C«, also der Lkw-Führerscheinklasse, »und dann müsste jeder Teilnehmer acht Stunden lang hier auf Helgoland eine praktische Ausbildung durchlaufen«. Für die Mannschaft auf Helgoland bedeutet das dann also: Wenn alle Feuerwehrleute den Führerschein machen sollen, dann »würde sich das bei zehn Kameraden à acht Stunden, also achtzig Stunden, auf circa sechs bis acht Wochen des nachmittäglichen Fahrens hinziehen«, erklärt Feuerwehrmann Ederleh. Gut Ding will nun mal Weile haben, kennt man ja. Ederleh fährt fort: »Das heißt dann also, auch die Inselbevölkerung, die ja eigentlich autofrei lebt, würde durch die Feuerwehr massivst gestört werden.«

Stimmt, die haben ja gar keine Autos auf Helgoland. Zu dichtes Auffahren oder Geisterfahrer gibt es hier in der

Damit alle Feuerwehrleute im Ernstfall auch den Drehleiterwagen fahren dürfen, müssten sie den Führerschein Klasse C machen. Auf Helgoland gar nicht so einfach.

Regel nicht. Damit müssen die Feuerwehrleute sich bei ihrem Fahrtraining schon mal nicht befassen. Dass sie dennoch die komplette Fahrausbildung absolvieren müssen, ist unbedingt sinnvoll. Die Vorgaben für den Lkw-Führerschein sind auf Helgoland wie überall sonst einzuhalten, schließlich kann es ja keine Extrawurst geben, nur, weil es auf Helgoland ein paar wenige Besonderheiten gibt.

»Wir haben keine Ampeln. Wir haben kein ›Rechts vor links‹ auf Helgoland. Wir haben weder Stoppschilder noch sonstige Verkehrsschilder. Der Fahrer lernt also durch das Fahren reinweg gar nichts«, führt Ederleh weiter aus. Das kann man so nun nicht sagen. Er lernt beim Fahrtraining auf jeden Fall, durch welche Straßen der Wagen überhaupt durchpasst! Das ist übrigens nur jede dritte. Deshalb ist auch die Strecke, auf der die Feuerwehrleute üben könnten, gerade mal knappe fünf Kilometer lang. »Und das acht Stunden lang?«, fragt Heiko Ederleh. »Da kann man

Ein Fahrtraining auf Helgoland sähe so aus: Mit maximal zehn km/h geht es erst hin …

sich ausrechnen, dass man alle drei Minuten an der gleichen Stelle vorbeikommt!« Und so die Insel noch besser kennenlernt!

Das muss man doch mal positiv sehen. Die Helgoländer zumindest freuen sich. So bekommen sie endlich mal was von ihrem Feuerwehrwagen zu sehen. Wenn der Wagen demnächst stundenlang die fünf Kilometer abfährt, dann kann jeder Einwohner einen ganz genauen Blick drauf werfen. Wenn er im Einsatz ist, rast er ja immer so an einem vorbei. Das kann er beim Training gar nicht. »Auf Helgoland darf er nur zehn km/h fahren, innerhalb der Ortschaft sechs. Das heißt also, jeder Fußgänger überholt einen«, weiß Feuerwehrmann Ederleh aus eigener Erfahrung. Darüber muss man sich doch nicht ärgern! Da kann man sich doch schließlich mit der Polizei zusammentun. Die dürfen ja auch nicht schneller fahren.

Und wenn dann ein Mitglied der Feuerwehrmannschaft nach acht Stunden praktischer Trainingsfahrten, hin und zurück auf fünf Kilometern, ohne irgendwelche Verkehrsschilder oder Ampeln, bei sechs bis zehn km/h, höchstwahrscheinlich ohne dass ihm oder ihr ein anderes motorisiertes Fahrzeug begegnet ist – E-Fahrräder ausgenommen –, den Führerschein bestanden hat, dann weiß er oder sie einmal mehr: Bei der Feuerwehr auf Helgoland zu sein, ist wirklich etwas ganz besonders Eigen... äh ... Einzigartiges.

WAS IST DRAUS GEWORDEN?

Auf Helgoland hat sich in Sachen Feuerwehrführerschein nichts verändert. Nach Rücksprache mit Wehrführer Heiko Ederleh gibt es bei der Feuerwehr Helgoland wie zum Zeitpunkt des extra 3-Beitrages fünf Führerscheininhaber. »Wobei drei davon nach wie vor in der Feuerwehr eine andere Funktion haben und dadurch das Fahrzeug nur auf zwei Fahrer zurückgreifen kann«, berichtet Ederleh auf unsere Nachfrage. Man kann nur hoffen, dass von denen auch immer einer auf der Insel ist, wenn es brennt. Nach Angaben der Gemeinde Helgoland besteht im Moment einzig und allein die Möglichkeit, den Führerschein Klasse C für das Feuerwehrauto auf dem Festland zu machen. Die Mitglieder der Freiwilligen Feuerwehr Helgoland müssten dafür allerdings bei ihrem Arbeitgeber Urlaub einreichen. Die Gemeinde, die die Kosten für den Führerschein übernehmen würde, schätzt,

»Glückwunsch, Helgoland, zum schicken Feuerwehrauto, und macht euch nichts draus! Berlin hat einen neuen Flughafen, da kann auch keiner fliegen!«

182

man brauche mindestens zwei bis drei Wochen für dieses Vorhaben. Davon sind die Feuerwehrleute nicht wirklich zu begeistern. Zuletzt habe jemand 2009 auf diese Art und Weise auf dem Festland seinen Führerschein absolviert. Seitdem niemand mehr.

Heiko Ederleh und seine Kollegen wünschen sich eine Ausnahmeregelung. »Wir schlagen vor, dass es hier auf Helgoland einen Lehrgang mit einem Fahrlehrer und einem TÜV-Prüfer oder einem Vertreter des Verkehrsministeriums geben soll, in dem Kameraden geschult werden. Und zwar sollten die Kameraden nur auf dieses Fahrzeug geschult und geprüft werden, um dann eine behördliche Genehmigung zu erhalten. Gerne auch mit jährlicher Überprüfung«, sagt Ederleh. Ein besonderer Inselführerschein quasi, der nur hier, nur für die Drehleiter gilt. Die Gemeinde Helgoland spricht sich ebenso für den Inselführerschein aus. Interessanterweise gibt es für andere Fahrzeuge auf Helgoland durchaus Ausnahmeregelungen. Zum Beispiel für die sogenannten E-Karren, die für den Transport von Versorgungsgütern auf der Insel genutzt werden. Die sind zwar kleiner, haben aber durchaus das Gewicht eines Lkw. Es gab in der Vergangenheit auch seitens der Gemeinde Bestrebungen, eine Fahrschule nach Helgoland zu holen. Doch so richtig attraktiv ist es für Fahrschulen auch nicht, ihr Geschäft auf einer Insel zu betreiben. Einer autofreien Insel.

Doppeltes Geländer in Dresden

Die Albertbrücke verbindet die Dresdner Altstadt mit der Neustadt. Ob zu Fuß, mit dem Rad, dem Auto oder mit der Straßenbahn – der Sandsteinbau mit seinen vier Bögen über der Elbe ist eine wichtige Verkehrsachse. Damit die Querung auch künftig ihren Zweck erfüllen kann, hat die Stadt Dresden die in die Jahre gekommene Brücke saniert, und das auf einzigartige Weise.

Im Dezember 2015 sind die Arbeiten zwar erst gut zur Hälfte abgeschlossen, doch das wegweisende Werk ist bereits deutlich zu erkennen. Denn während auf der einen

Doppelt hält besser: Auf der Albertbrücke werden Spaziergänger gleich von zwei Geländern geschützt.

Seite noch Bagger und Betonmischer im Einsatz sind, teilen sich auf der anderen Seite Fußgänger und Radfahrer den bereits wieder freigegebenen Bürgersteig. Sie bleiben immer wieder irritiert stehen beim Blick auf das Geländer. Oder besser gesagt: auf die Geländer. Denn es gibt zwei. Direkt hintereinander, in unterschiedlicher Form und Höhe. »Ein Geländer für kleine Menschen und ein Geländer für große Menschen«, meint ein Passant und schüttelt den Kopf.

Dabei verdient die nicht gerade alltägliche Konstruktion Bewunderung: Der unbedingte Gestaltungswille der Dresdner Baubehörde im Zusammenspiel mit dem deutschen Denkmalschutz haben sie möglich gemacht. Bauamtsleiter Reinhard Koettnitz kommt mit dem Fahrrad zur Begutachtung vor Ort. Die Brückensanierung habe denkmalgerecht erfolgen müssen, sagt Koettnitz. Das habe das historische Geländer aus schmuckhaft verziertem Gusseisen eingeschlossen.

Der Aufbau Ost war hier vor allem ein Abbau Rost. Das alte Geländer sei sehr stark zerfressen gewesen, sagt Koettnitz: »Da hat teilweise bloß noch die Farbe das ganze zusammengehalten.« Es hätte deshalb nicht mehr erneuert werden können. Ein vollständiger Geländerneubau getreu dem historischen Vorbild musste her. 800.000 Euro seien dafür einkalkuliert worden.

Der Gesetzgeber hat jedoch die Anforderungen an die Geländerhöhe verändert: Auf einer Brücke, auf der der Radweg zusammen mit dem Gehweg auf dem Bürgersteig geführt wird, muss das Geländer heutzutage mindestens 1,30 Meter hoch sein. Das stellt sicher, dass kein Radfahrer nach einer Kollision in hohem Bogen herunterfällt. 1877, im Baujahr der Albertbrücke, galt noch ein anderes Maß: Damals musste das Geländer nur einen Meter hoch sein. Ein originalgetreuer Wiederaufbau wäre heute also rechtlich nicht mehr ausreichend.

An diesem Punkt muss sich die Stadt Dresden entscheiden – zwischen zwei einfachen und kostengünstigen Varianten und einer komplizierteren, teureren Alternative. Konrad Krause vom Allgemeinen Deutschen Fahrrad Club (ADFC) Sachsen kommt ebenfalls mit dem Rad zur Begutachtung des Doppelgeländers – zu dem es aus seiner Sicht nicht hätte kommen müssen. Er umreißt die erste preiswerte Variante: »Spätestens als man festgestellt hat, dass das ein Meter hohe Geländer hier nicht ausreicht, hätte man sich natürlich überlegen können: ›Okay, wir legen den Radverkehr auf die Straße und dann ist alles gut.‹« So wäre die Radspur mit einem Kantstein vom Bürgersteig getrennt und weit genug von der Brüstung entfernt, um die Gefahr des Herabstürzens auszuschließen.

»Dann hätte das alte Geländermaß gereicht mit einem Meter Höhe«, sagt Krause. Der ADFC plädiere sowieso generell für Radfahrer auf der Straße. Dort hätten sie einen besseren Belag, weniger Konflikte mit den Fußgängern und eine höhere Sichtbarkeit für Autofahrer. Doch diese Variante will die Stadt Dresden auf der Albertbrücke nicht. Also muss das Geländer 1,30 Meter hoch werden.

In diesem Fall könnte die zweite kostengünstige Variante zum Zuge kommen: Wenn man das historische Geländer ohnehin komplett neu aufbaue, könne es doch direkt um dreißig Zentimeter erhöht werden, meint Krause. Doch so einfach ist das nicht. »Es war seitens des Denkmalschutzes sehr großer Wert darauf gelegt worden, komplett eine Nachbildung des alten Geländers zu bringen, auch in den Proportionen, wie man es vorgefunden hat«, sagt Bauamtsleiter Koettnitz.

Das nachgebaute historische Geländer auf die erforderliche Höhe zu
bringen, wäre nicht gegangen. Reinhard Koettnitz zeigt, wo sich dann die
stählerne Ananas befinden würde: in 1,30 Meter Höhe – unvorstellbar.

Koettnitz legt seine Hand auf einen verzierten Gelän-
deraufsatz in Form einer Südfrucht. »Wenn wir das Ganze
hätten strecken müssen, dann sieht man auch, dass diese
sogenannte Ananas, wie wir sie nennen, dann hier oben
wäre. Das Ganze wäre dann nicht mehr dem Denkmalschutz
entsprechend.« Eine Ananas auf 1,30 Meter Höhe, wie sieht
das denn aus? Die Ananas bleibt mal schön auf einem Meter
Höhe. Alle Verzierungen und Schmuckelemente würden nur
in ihren überlieferten Proportionen wirken, meint Koettnitz.
  Sonst hätte man ja auch gleich ein modernes Geländer
aufstellen können. Aber das sei niemals infrage gekommen.
»Das Geländer ist in der Gestaltung allemal besser als ein
modernes Stabgeländer heutzutage«, ist sich Koettnitz sicher. Das dürfte unter Architekturfreunden und Denkmal-
schützern unstrittig sein. Diese modernen Stabgeländer sind
viel zu gewöhnlich, nichtssagend und meist auch hässlich.

Konrad Krause hält das moderne Geländer für ein Beispiel des Brutalismus. Dabei verkennt er gänzlich die gestalterische Kompetenz der Stadt Dresden.

Ein modernes Stabgeländer auf der Albertbrücke? Das geht gar nicht.

Na ja, geht doch. Direkt hinter dem so aufwendig nachgebauten Geländer. Denn die Stadt Dresden hat sich für die kostspielige Alternative entschieden – und unmittelbar hinter dem historischen Nachbau ein zweites Geländer gebaut, im galant gleichförmigen Gitter-Look. Statt des Horrorszenarios einer Ananas auf 1,30 Meter Höhe ragt hier nun ein glatter Stahl-Handlauf über das schmuckverzierte historische Geländer.

Krause schüttelt den Kopf, als er es das erste Mal sieht. »Dieses Geländer ist jetzt wunderbar 1,30 Meter hoch, das erfüllt es. Den ästhetischen Anspruch allerdings, den das alte Geländer hat, erfüllt es irgendwie nicht«, sagt Krause. »Es gibt so einen Baustil, der heißt Brutalismus; ich glaube, da hätte man solche Geländer auch verwenden können.«

Der Mann versteht das gestalterische Konzept dahinter nicht, findet Koettnitz: »Es geht ganz einfach darum, das Alte mit dem Neuen geschickt und interessant zu verbinden, und wir gehen davon aus, dass uns das an dieser Stelle gelungen ist.« Dafür hätten sich die Mehrkosten gelohnt. Etwa ein Viertel der für den Geländerneubau vorgesehenen Summe von 800.000 Euro sei in das hintere Stahlgeländer geflossen. Der gewählte Weg habe zudem etwas Visionäres. »Es ist sicher nicht häufig, dass so was vorkommt«, sagt Koettnitz, »aber möglicherweise ist es auch beispielgebend für andere Konstruktionen in anderen Städten, möglicherweise sogar in anderen Ländern.«

Dresden, eine Stadt als Trendsetter bei Doppelgeländern. Doppelt hält (sich's) nun mal besser.

Illegales
Blumenbeet in
Hamburg

Andreas Böhle ist eine Gefahr für die öffentliche Sicherheit. Was dieser ältere Herr in Hamburg treibt, ist unglaublich. Dabei wirkt Böhle in seinem gestreiften Hemd auf den ersten Blick unauffällig. Rechtschaffenen Bürgern dürfte jedoch schnell klar sein: Er ist ein ganz schlimmer Finger – und zwar, weil er einen grünen Daumen hat. Andreas Böhle hat es tatsächlich gewagt, unweit seiner Wohnung im Stadtteil Eimsbüttel ein Blumenbeet anzulegen. Das ist ganze drei Quadratmeter groß und erstreckt sich an der Spitze einer

Andreas Böhle hat an dieser Ecke ein Blumenbeet angelegt – und das ohne Sondernutzungserlaubnis. Ein Skandal.

mit Büschen bewachsenen städtischen Fläche, an der zwei Bürgersteige aufeinandertreffen.

»Da war eine Müllecke entstanden«, rechtfertigt sich Böhle, »da lagen Kaffeebecher und Zigarettenschachteln herum.« Die hat der Rentner einfach so entfernt, ohne vorher das Bezirksamt um Erlaubnis zu fragen. Stattdessen hat er im Jahr 2011 dort illegalen Kram verbuddelt, oder – wie er es nennt – »Blumen gepflanzt«.

Der Pressesprecher des Bezirksamtes Eimsbüttel kann es noch immer nicht fassen, wie so etwas im Heußweg geschehen konnte. »Die Wegeaufsicht unseres Bezirksamtes hat festgestellt, dass ohne Sondernutzungserlaubnis von uns bis dato unbekannten Personen eine geschlossene Wegefläche aufgebrochen und gärtnerisch verändert wurde«, sagt Elmar Schleif. Und das nicht nur einmal, sondern wiederholt.

Denn Böhle habe sich regelmäßig an dem Stück öffentlichen Grunds vergriffen, was er auch unumwunden zugibt. »Ich habe die Blumen gedüngt, Unkraut gezupft und natürlich fast täglich gegossen.« Bezirksamtspressesprecher Schleif ringt bei so viel Dreistigkeit um die passenden Worte. »Gärtnerische Gestaltung des öffentlichen Raums ist immer eine Sondernutzung und bedarf einer Sondernutzungserlaubnis. Ohne Sondernutzungserlaubnis ist dies unzulässig.«

»Je kleiner der Garten, desto größer der Gartenzwerg.«

Was denkt sich der Guerilla-Gärtner also dabei? »Blumen in eine Müllhalde zu pflanzen ist keine Sondernutzung«, sagt Böhle frech – und ist sich keiner Schuld bewusst.

Lange Zeit bleiben Böhles Untaten der Verwaltung verborgen. Mehr als dreieinhalb

Erst ein Blick von oben macht das Ausmaß von Böhles illegaler Aufgrabetätigkeit im öffentlichen Raum deutlich.

Jahre kann er ungestört sein Unwesen treiben. Bis zum 08.08.2014. »An dem Morgen ging ich um zehn Uhr einkaufen, und als ich vorbeikam, traf mich fast der Schlag, weil das Beet nicht nur einfach zerstört, sondern komplett weg war«, sagt Böhle. Der Täter stilisiert sich hier zum Opfer. Denn hier musste dem Rechtsstaat dringend zur Durchsetzung verholfen werden, mithilfe der Mitarbeiter des Bezirks. »Deshalb wurde der ordnungsgemäße Zustand wiederhergestellt«, sagt Schleif. Böhle ist weiter uneinsichtig. »Die haben einfach die Pflanzen rausgerupft aus dem Boden, haben sie daneben geschmissen, haben die Erde ausgegraben und dann Grant von ihrem Lastwagen genommen, reingefüllt in diese Grube und platt gewalzt.«

Das war auch überfällig. Denn Böhles Beet war nicht das, als was er es darstellt – »für so viele Menschen hier täglich eine Freude«. Nein, das Beet war für alle Menschen eine große Gefahr. Denn die Fläche sei dem Verkehr gewidmet, sagt Schleif. Da ist verständlich, dass Eingriffe wie durch Böhle eine Gefährdung für Leib und Leben bedeuten.

Im konkreten Fall sei durch die eigenmächtigen gärtnerischen Tätigkeiten der Fahrradverkehr bedroht gewesen, weil die »Sicht beeinträchtigt ist oder die Wegefläche so verändert ist, dass Sturzgefahr oder Stolpergefahr besteht.«

Böhle leugnet das. In dreieinhalb Jahren habe es nie gefährliche Situationen gegeben. Dass »irgendeiner sich an einer Blume, einem Stiefmütterchen, die Beine bricht«, sei doch schwer vorstellbar, fügt er verharmlosend hinzu.

Trotz seiner Untaten hat der renitente Rentner Unterstützer. Anna Gallina von der Grünen-Fraktion in der Bezirksversammlung Eimsbüttel bezeichnet das Vorgehen des Bezirksamtes als unverhältnismäßig. »Wir können keinerlei Gefahrensituation erkennen, wir können keinen Eingriff in den Fußweg erkennen«, sagt die junge Politikerin. Vielmehr sei hier wenig bürgerfreundlich altertümliches Verwaltungshandeln an den Tag gelegt worden.

Plötzlich werden die angegriffen, die nach Recht und Ordnung streben. So weit ist es gekommen. Einige Bezirkspolitiker rufen gar gezielt zu weiteren illegalen Aktionen auf. »Da kann man nur die anderen Bürger ermutigen, das nachzumachen«, sagt Peter Gutzeit von den Linken. »Blumen statt Bitumen« sei die Losung der Partei in dem Zusammenhang.

Böhle fühlt sich nun ermutigt. An der Stelle, wo das Beet war, hat er mit einigen Nachbarn ein Protestschild angebracht: »Unverständnis und Wut« steht darauf. »Ich habe hier die Unterschriftenlisten mit 1.400 Unterschriften, die wir im Kerngebietsausschuss abgegeben haben«, sagt der

Übeltäter triumphierend. Und wird dann kompromisslos: »Wir wollen unser Beet wiederhaben. Mal sehen, wer sich durchsetzt.«

Tatsächlich kuscht das Bezirksamt vor so viel Aufsässigkeit. »In absehbarer Zeit wird das zuständige Fachamt an die Bürger herantreten und den Dialog suchen«, sagt Schleif. Effektiver wäre wohl eine Anzeige gegen den Guerilla-Gärtner gewesen. Damit jedem Nachahmungstäter sofort klar ist: Wer in Eimsbüttel ein Blumenbeet anlegt, dem blüht etwas.

WAS IST DRAUS GEWORDEN?

Andreas Böhle kann es einfach nicht lassen: Mit seinen Mitstreitern bepflanzt er das kleine Beet kurz nach dessen Zerstörung neu – damals noch illegal. Kurz darauf bringt er mit seiner Unterschriftenliste sowie Unterstützung von allen Parteien die Bezirksversammlung im November 2014 zum einstimmigen Beschluss, dass das Bezirksamt derartiges Gärtnern künftig nicht mehr bekämpfen, sondern unterstützen soll.

Das Bezirksamt ist seither sehr nachsichtig geworden, was privat angelegte Blumenbeete im öffentlichen Raum angeht. Die Verwaltung hat die schlimmen Finger mit grünem Daumen sozusagen aus der Illegalität herausgeholt. Mit einem Aussteigerprogramm, das sich »Grünpatenschaften« nennt. Einer der ersten Beetpaten ist Andreas Böhle geworden – und zwar nicht nur für die kleine mit Blumen bepflanzte Fläche, sondern auch für das größere baumbestandene Dreieck dahinter.

Die Patenschaften würden mit großem Erfolg angeboten, sagt der neue Bezirksamtspressesprecher Andreas Aholt.

Damit werde in Abstimmung zwischen der Verwaltung und den interessierten Bürgern ein gemeinsames Vorgehen für die Flächengestaltung abgestimmt. »Derzeit existieren 113 solcher Patenschaften und darum sind wir sehr froh und danken den Bürgerinnen und Bürgern für dieses wunderbare Engagement für ihre Stadtteile, da so hochwertig bepflanzte und in besonderer Weise gepflegte Flächen die Allgemeinheit erfreuen«, sagt Aholt.

Das Bezirksamt hat sogar extra einen Flyer herausgegeben mit langen Listen von Sommerblumen und mehrjährigen Stauden, die für die Bepflanzung von Baumscheiben besonders geeignet sind, sowie interessanten Hinweisen zum Thema: »Wie gieße ich richtig?«

Dreistigkeit siegt: Böhle und seine Mitstreiter triumphieren, als das Bezirksamt beschließt, derartiges Gärtnern nicht mehr zu bekämpfen, sondern zu fördern.

Beamtensprache

Auszug aus dem Info-Flyer *Eimsbütteler Straßenbäume: Informationen zur Bepflanzung und Pflege von Baumscheiben:*

»Um Ihren Einsatz für Sie und den Straßenbaum zu einem Erfolg zu machen, bitten wir Sie, sich dieses Informationsblatt über Straßenbäume und ihren Standort und ihre Umgebungsbedingungen durchzulesen.

Was kann jeder für die Straßenbäume tun? Jungbäume brauchen in den ersten fünf Jahren nach der Pflanzung im Sommer jede Woche ca. 50–60 Liter unbelastetes Wasser (kein Spülwasser). In langen Trockenperioden sind aber auch ältere Bäume für eine kräftige Wassergabe dankbar. Achten Sie beim Gießen bitte darauf, dass das Wasser, z. B. durch die schonende Anlage eines Gießrandes, im Boden versickern kann und nicht ungenutzt oberirdisch abfließt.«

Sollte doch einmal ohne Grünpatenschaft ein Beet quasi halblegal bestellt werden, weil jemand nicht darum wisse, dass die öffentliche Verwaltung von einer Bepflanzung Kenntnis haben sollte, so suche der Wegewart den Kontakt und bedanke sich für das Engagement, so Aholt. Schließlich werde der Gärtner oder die Gärtnerin mit Herrn Meier zusammengebracht, dem obersten Baumscheiben-Koordinator Eimsbüttels – »damit eine Patenschaft geschlossen werden kann und das Ganze dann sozusagen offiziell wird«.

Sollten Sie nun Lust bekommen haben, selbst eine Baumscheibe zu beackern, so wenden Sie sich gern direkt an Herrn Meier (Telefon: 040/42801-2637 oder per E-Mail an MR@eimsbuettel.hamburg.de). Das Bezirksamt wünscht sich ausdrücklich die Veröffentlichung der Kontaktdaten – damit Eimsbüttel noch grüner wird.

Dauerrote Ampel in Dresden

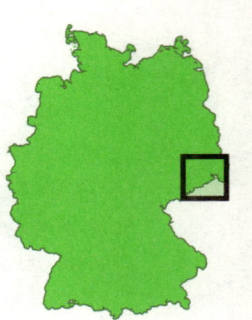

In der Dresdner Innenstadt steht an der Ecke Ziegelstraße/ Güntzplatz ein echter Dauerbrenner aus den Zeiten des Sozialismus. »Das ist ein Kreuzungspunkt, der signaltechnisch geregelt wird, das heißt: Eine sogenannte Ampel steht dort«, erklärt Reinhard Koettnitz. Der Leiter des Tiefbauamtes musste schon oft zu dieser sogenannten Ampel Interviews geben. Die Lichtsignalanlage hat es zu einiger Berühmtheit gebracht. Denn sie leuchtet ausschließlich in der Farbe der Arbeiterklasse: Sie zeigt nur Rot.

Roter wird's nicht: In Dresden leuchtet die Ampel an der Ecke Güntzplatz/ Ziegelstraße seit 1987 nur in einer Farbe.

Und das bereits seit 1987. Damals hieß das Staatsoberhaupt noch Erich Honecker und es galt die Straßenverkehrsordnung der DDR, in der Version von 1977. Damit war der grüne Pfeil eingeführt worden. Und so ein grüner Pfeil hängt auch an dieser roten Ampel. Koettnitz erklärt die Regel dahinter: »Der Kraftfahrer, der nach rechts abbiegen will, kann das immer tun, gleichwohl immer das rote Signal ist.«

Es ist nicht ganz unbedeutend zu erwähnen, dass es neben dem grünen Pfeil noch einen weiteren wichtigen Hinweis an der Ampel gibt. Ein blau-weißes Schild mit Pfeil nach rechts gibt die ausschließliche Richtung vor. Über die Kreuzung hinwegfahren oder nach links abbiegen dürfe man nicht, sagt Koettnitz: »Man darf eigentlich nur rechts abbiegen.«

Neben dem grünen Pfeil, der das Rechtsabbiegen bei Rotlicht generell erlaubt, gibt es noch einen wichtigen Hinweis an der Ampel: Man darf auch nur rechts abbiegen.

Zeitenwende 1990: Helmut Kohl wird Kanzler eines wiedervereinigten Deutschlands. Für die Menschen in den ostdeutschen Ländern ändert sich viel: die Währung, die Staatsangehörigkeit. Nur die Ampel am Güntzplatz zeigt weiter ausschließlich Rot. »Stromverschwendung! Ich sehe den Sinn überhaupt nicht«, schimpft ein Autofahrer. Ein anderer, der brav anhält, bevor er rechts abbiegt, ist vorsichtiger: »Aber es wird sich ja sicherlich irgendjemand was dabei gedacht haben.« So ist es. Dass hier unbedingt eine Ampel stehen muss, ist rechtlich in der mittlerweile gesamtdeutschen Straßenverkehrsordnung klipp und klar geregelt, wie Koettnitz nicht müde wird zu betonen: »Weil eine unmittelbar anbindende Straße an einen ampelgeregelten Punkt auch mit einer Ampel geregelt werden muss. Das heißt, allein das Stoppsignal würde dort nicht zulässig sein.«

Bei Weitem nicht. Wenn an den anderen Zufahrten zum Güntzplatz eine Ampel steht, dann muss auch in der Ziegelstraße eine stehen. Und so leuchtet die Ampel tagaus, tagein, jahrein, jahraus nur rot. Hunderttausende Autos, die ja eh nur rechts abbiegen dürfen, können das jederzeit nach kurzem Anhalten tun, dank des grünen Pfeils. Sie könnten es genauso, wenn an der Stelle nur ein Stoppschild stünde. »Das mag ich jetzt nicht bestreiten, dass der Effekt der gleiche wäre«, sagt Koettnitz, »aber es ist eben letztlich aus der Regelung der StVO und den folgenden Vorschriften nicht zulässig«.

Die nächste Zeitenwende 1998: Gerhard Schröder löst Helmut Kohl als Bundeskanzler ab. Die Ampel am Güntzplatz zeigt weiterhin nur Rot. Das heißt aber nicht, dass dort auch nur rote Birnen

> **»Jahrzehntelang waren wir verfeindet. Die beiden Machtblöcke hatten sich erbarmungslos gegenübergestanden in einem Gleichgewicht des Schreckens. Der Westen hatte Pershing-2-Raketen, der Osten Wolfgang Lippert.«**

eingebaut sind. »In der Ampel sind rote, gelbe und grüne Lampen drin, gleichwohl Dauerrot geschaltet ist«, weiß Koettnitz. Eine Sonderkonstruktion mit nur einer roten Lampe anzufertigen hätte sich nicht gelohnt.

2002 wird Dresden vom größten Hochwasser seiner Geschichte überflutet, auch die Ampel steht im Nassen, leuchtet aber tapfer weiter nur rot. 2005 wird Angela Merkel Kanzlerin, die Ampel leuchtet rot, 2012 dann ein Jubiläum: ein Vierteljahrhundert Dauerrot. Klar, dass in all den Jahren immer mal wieder die Lampe ersetzt werden muss. Selbstverständlich würden bei regelmäßigen Wartungsarbeiten alle Lampen ausgetauscht, auch die gelben und grünen, die nie geleuchtet haben. »Dem Dienstleister da zu erklären, dass er die nun ausgerechnet drin lassen soll, das werden wir nicht tun, das ist kostenmäßig auch keine Größenordnung«, sagt Koettnitz.

2013 steht Dresden erneut unter Wasser, die Ampel ficht das wieder nicht an. Allerdings häufen sich in den folgenden Jahren die Medienanfragen bei Koettnitz, von »Deutschlands dümmster Ampel« ist die Rede, von der »Gaga-Ampel«. »Man kann sagen: Wenn wir in Deutschland keine anderen Probleme haben, dann sind wir eigentlich Weltklasse«, entgegnet Koettnitz lakonisch und fast ein bisschen stolz. »Aber ich will mal sagen, man hat sich daran gewöhnt, dass man in Dresden auch immer mal was Besonderes hat.« Und besonders ist die Ampel ohne Frage: ein Rot, das – selbst nachdem der Sozialismus als Staatsform längst Geschichte ist – mit leuchtendem Beispiel vorangeht.

Im Herbst 2016 – kurz vor ihrem dreißigsten Rot-Licht-jahr – erlischt die Ampel. Für immer. Und zwar nicht, weil die Stadt einsieht, dass sie sinnlos war, sondern weil die Durchfahrt von der Ziegelstraße auf den Güntzplatz mit Pollern versperrt wird und auch das Rechtsabbiegen nun unmöglich ist.

Das Presseamt der Stadt Dresden teilt aus diesem Anlass noch einmal mit, was die Ampel so einzigartig machte: »Da der Verkehrsstrom aus der Ziegelstraße nur nach rechts ab-biegen durfte und der Einsatz des Grünpfeils entsprechend Rn. 27 ff der VwV-StVO zu § 37 StVO zulässig ist, konnte auf die Grün-Schaltung verzichtet werden. Solange die Ziegel-straße als Zufahrt an den signalgeregelten Knoten Güntz-platz angebunden war, konnte auf den Signalgeber nicht verzichtet werden.«

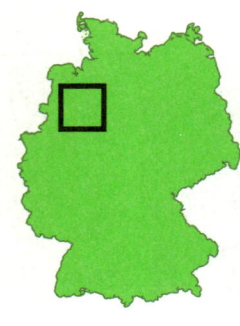

Parken mit eigener Zeitrechnung in Osnabrück

Zeit und Raum sind relativ, das hat Albert Einstein mit seiner Relativitätstheorie bewiesen und ist seither Allgemeingut. Die meisten Menschen dürften die Feinheiten der Quantenphysik jedoch kaum in Gänze begreifen. Ähnlich geht es Autofahrern in Osnabrück mit der Parkregelung in der Herderstraße. Die ist ebenfalls schwer zu verstehen, und auch hier sind Zeit und Raum relativ.

Der Parkraum ist in der schmalen Straße mit Kopfsteinpflaster relativ knapp. Deshalb hat die Stadt dort im Sommer 2016 eine Parkzone eingerichtet, in der nur die Anwohner unbegrenzt parken dürfen. Alle anderen müssen von 9 bis 19 Uhr eine Parkscheibe benutzen und dürfen damit maximal drei Stunden hier stehen. Die Zeit, die darauf eingestellt werden muss, ist jedoch relativ. Relativ kompliziert.

Susanne von Alste arbeitet in der Herderstraße und fährt mit dem Auto zum Büro. »Ich bin um acht Uhr angekommen. Dann habe ich natürlich die Parkscheibe auf acht Uhr eingestellt, das ist ja die Ankunftszeit«, sagt von Alste. Bis elf Uhr könne sie also problemlos parken, denkt sie. Erst dann müsste sie wegfahren oder ihren Wagen umparken und die Parkscheibe neu einstellen. Doch so einfach ist es nicht. Von Alste bekommt ein Knöllchen, und zwar bereits um 10:15

Von 9 bis 19 Uhr gilt in der Osnabrücker Herderstraße Parkscheibenpflicht. So viel ist eindeutig. Relativ hingegen ist die einzustellende Zeit, wenn man vor neun Uhr einparkt.

Uhr – also zu einer Zeit, die eigentlich noch deutlich innerhalb des Drei-Stunden-Bereichs nach acht Uhr liegt.

»Da habe ich erst gedacht, da kann ja mal ein Fehler passiert sein«, sagt von Alste. Aber am nächsten Tag sei das Gleiche ihren Kollegen passiert. Alle bekommen ein Knöllchen, obwohl sie nicht länger als drei Stunden geparkt haben. »Da haben wir uns gewundert.« Das Delikt ist auf dem Knöllchen vermerkt: »Parken in Parkraumbewirtschaftungszone ohne richtig eingestellte Parkscheibe«. Zehn Euro Verwarnungsgeld werden dafür fällig.

Ein Anruf beim Ordnungsamt bringt für von Alste keine Klarheit. Dort sagt man ihr nur, dass Strafzettel ein Mittel der Verkehrserziehung seien. Man wisse sehr wohl, dass kaum einer die Bestimmung kenne, dass in so einem Fall wie in der Herderstraße nicht die tatsächliche Ankunftszeit eingestellt werden darf. Unwissenheit schütze jedoch nicht vor Strafe.

Was man unbedingt wissen muss: Die Ankunftszeit ist relativ. Man müsse unterscheiden zwischen der realen und der rechtlich bindenden Ankunftszeit, erläutert Osnabrücks Stadtsprecher Sven Jürgensen. Grundsätzlich gelte bei Parkscheiben laut § 13 Abs. 2 StVO, dass der Zeiger auf den Strich der halben Stunde eingestellt werden muss, die dem Zeitpunkt des Anhaltens folgt. Das wäre in von Alstes Fall 8:30 Uhr. Doch auch damit würde sie sich das Verwarnungsgeld einfangen.

Denn es gebe laut Jürgensen eine Ausnahme für Bereiche, in denen die Parkscheibenpflicht erst ab einem bestimmten Zeitpunkt – hier neun Uhr – gilt: »Beginnt das Parken während der freien Zeit, so ist der Zeiger der Parkscheibe zumindest auf den Strich der ersten halben Stunde nach Beginn des folgenden Kurzzeitparkabschnittes einzustellen.«

Von Alste hätte also ihre Parkscheibe auf 9:30 Uhr einstellen und ihr Auto erst um 12:30 Uhr entfernen müssen, sagt Jürgensen. Die Zeit wird in der Herderstraße so beschleunigt

Susanne von Alste erhielt um 10:15 Uhr ein Knöllchen, weil sie ihre Parkscheibe auf acht Uhr eingestellt hatte. Dabei waren die erlaubten drei Stunden Parkzeit noch längst nicht abgelaufen.

und gedehnt zugleich: Parkt von Alste um acht Uhr ein, ist es rechtlich plötzlich schon 9:30 Uhr. So gewinnt sie gleichzeitig ein Mehr an Parkzeit: Statt drei Stunden von acht bis elf Uhr sind es nun viereinhalb Stunden bis halb eins.

Das liegt einzig und allein daran, dass eine Zeit vor neun Uhr in der Herderstraße rechtlich nicht existiert. Erst danach startet die amtliche Zeitrechnung. Da ist es nur logisch, dass eine Parkscheibe, die auf acht Uhr eingestellt ist, nicht anerkannt werden kann. »Eine falsch eingestellte Parkscheibe – dabei spielt es keine Rolle, ob diese zu früh oder zu spät eingestellt ist – muss wie eine fehlende Parkscheibe behandelt werden«, heißt es dazu von Jürgensen. Auch wenn die Parkscheibe tatsächlich da ist, ist sie rechtlich nicht da.

Beim Parken gibt es in Osnabrück eine eigene Zeitrechnung: Vor neun Uhr ist die Zeit nicht existent.

Alles ist nun mal relativ. Ein solches Vorgehen des Ordnungsamtes in Osnabrück ist relativ streng. Und zehn Euro Verwarnungsgeld für von Alstes freiwilliges Verzichten auf anderthalb Stunden Parkzeit ist relativ unverschämt.

Parkscheiben und ihre Nutzung

Unabhängig vom Osnabrücker Sonderfall ist die Relativität bei der zulässigen Parkdauer eine Konstante, die in der Straßenverkehrsordnung vorgesehen ist. In § 13 Absatz 2 heißt es: »Wird … durch ein Zusatzzeichen die Benutzung einer Parkscheibe vorgeschrieben, ist das Halten und Parken nur erlaubt für die Zeit, die auf dem Zusatzzeichen angegeben ist, und soweit das Fahrzeug eine von außen gut lesbare Parkscheibe hat und der Zeiger der Scheibe auf den Strich der halben Stunde eingestellt ist, die dem Zeitpunkt des Anhaltens folgt.« Sieht das Zusatzschild beispielsweise eine Parkzeit von maximal einer Stunde vor, so kann diese Stunde völlig legitim auch neunzig Minuten lang sein. Nämlich dann, wenn ein Autofahrer um 12:00:01 Uhr anhält. Dann darf er nicht nur, nein, dann muss er sogar auf der Parkscheibe 12:30 Uhr als Ankunftszeit einstellen. Zwischen tatsächlicher und einzustellender Ankunftszeit liegt so eine halbe Stunde, die zur erlaubten Stunde Parkzeit hinzukommt. Erst um 13:30 Uhr müsste der Parkplatz wieder verlassen werden. Gleiches gilt für eine Ankunft um 12:29:59 Uhr. Dann wäre die erlaubte Stunde Parkzeit auch tatsächlich genau eine Stunde lang. Auf keinen Fall darf man den Fehler machen, die Ankunftszeit exakt einstellen zu wollen, etwa indem man um 12:15 Uhr den Zeiger auf die Mitte zwischen den beiden Strichen bei zwölf Uhr und 12:30 Uhr stellt. Denn richtet sich der Zeiger auf ein weißes Feld, kann das als falsch eingestellte Parkscheibe gewertet werden. Und die ist rechtlich zu behandeln wie eine gänzlich fehlende Parkscheibe.

Das Klo-Gutachten von Bremen

Das Haus der Bremischen Bürgerschaft gehört mit seiner herausragenden Nachkriegsarchitektur zu den Top-Sehenswürdigkeiten in der Bremer Innenstadt. Am Marktplatz steht es neben dem Rathaus und spiegelt mit seinen angedeuteten Giebeldächern die historische Bauweise der Hansestadt auf moderne Art wider. Der Architekt Wassili Luckhardt legte in den 1960er-Jahren vor allem Wert auf die hohe Fensterfront des Parlamentsgebäudes, die sich zur Stadt hin öffnet und baulich die bei den politischen Entscheidungen dahinter erhoffte Transparenz symbolisieren soll.

Doch nach einer Sanierung im Inneren wurde etwas ganz anderes transparent: Im Hohen Haus stand plötzlich der Lokus im Fokus. Die Debatte in der Bürgerschaft drehte sich für einige Zeit statt um Entscheidungen um Ausscheidungen. Denn in den renovierten Herrentoiletten hatte sich ein zunächst höchst rätselhaftes und unerklärliches Phänomen zugetragen: Benutzten Abgeordnete oder Bürgerschaftsmitarbeiter die Pissoirs, so bildeten sich davor Urinflecken, die auf dem neuen Terrazzo-Boden deutlich sichtbarer waren als zuvor auf den dort verlegten Fliesen.

»Das war unmittelbar schon nach dem Fertigstellen der Klos sichtbar, dass irgendwas nicht stimmt«, erinnert sich Horst Monsees, Pressesprecher der Bürgerschaft. »Wenn die Toilette sehr stark frequentiert war und es mehrere

Dass im Männerklo irgendetwas nicht stimmt, war Pressesprecher Horst Monsees schnell klar. Um herauszufinden, was genau für den unangenehmen Geruch sorgt, musste ein Gutachter her.

Fleckenbildungen gab, dann führte das auch zu Geruchsbelästigung. Und das war sehr unschön.«

Es stinkt auf dem Männerklo und vor den Pinkelbecken gibt es Flecken: Wie kann das nur sein? Zur Aufklärung des Mysteriums wird das gemacht, was staatliche Institutionen immer machen, wenn sie nicht weiterwissen. »Wir haben einen Gutachter eingeschaltet, um herauszufinden, woran das denn wohl liegen möge«, sagt Monsees.

Die Wahl fällt auf Wiegand H. von Gilsa, seines Zeichens »von der Handelskammer Bremen öffentlich bestellter und vereidigter Sachverständiger für haustechnische Gebäudeausrüstungen«. Nach einem Ortstermin fertigt er ein siebenseitiges Gutachten an. Darin beschreibt er seinen Untersuchungsgegenstand zunächst eingehend: »Es wurden Urinalbecken der Firma Keramag, Modell Aller ausgewählt« ist da etwa zu lesen und dass die Urinale »mit Einlaufverbindern, Absaugeformstücken und Multiparametersensoren geliefert und montiert« wurden. »Um dem Spieltrieb zu genügen ist eine Abbildung einer brennenden Kerze in die sichtbare Oberflächenglasur der

Rückwand eingearbeitet.« In der Bremischen Bürgerschaft sollen sie also Kerzen auspinkeln, um die Zielgenauigkeit zu verbessern.

Im nächsten Schritt macht der Gutachter ein paar technische Tests:»Mehrere Spülvorgänge wurden durch Eingabe von warmem Wasser in das Urinal ausgelöst. Es gab keine Beanstandungen, Spritzwasser aus dem Urinalbecken beim Spülvorgang wurde nicht beobachtet.« Das Ergebnis verblüfft Immobilien Bremen, den Hausverwalter und Auftraggeber.»Der Gutachter kann eindeutig ausschließen, dass es sich um technische Probleme handelt. Das heißt also, die Anlagen sind ordnungsgemäß installiert worden«, sagt Pressesprecher Horst Schulz.

Aber was kann denn dann die Ursache für die Flecken sein?»Irgendwann wurde uns dann klar, dass es nicht die Mechanik ist, sondern der Mensch«, kombiniert Monsees. Genauer gesagt: der Mann. Das schockierende und völlig überraschende Ergebnis kommt beim letzten Test heraus: »Der Vorgang der Blasenentleerung wurde durch den Einsatz einer kleinen Gießkanne mit Warmwasserfüllung simuliert.« Wichtig hierbei ist der untere Rand des Urinals, der laut gutachterlicher Messung»ca. vierzig Millimeter breit« ist:»Die Fläche ist nach beiden Seiten gewölbt, also hälftig nach innen und nach außen.«

Horst Monsees zeigt vor den beiden Urinalen stehend, wie der vereidigte Sachverständige beim bewährten Urinal-Gießkannentest vorging:»Er hat sich in mögliches Verhalten der Nutzer versetzt und hat das Wasser also nicht nur direkt ins Loch gekippt, sondern auch hier in die Mitte des Randes. Da zeigte sich dann, dass einzelne Tropfen natürlich ganz korrekt abflossen, aber andere auch nicht. Die gingen halt über den Rand nach unten und immer an der Wand lang.«

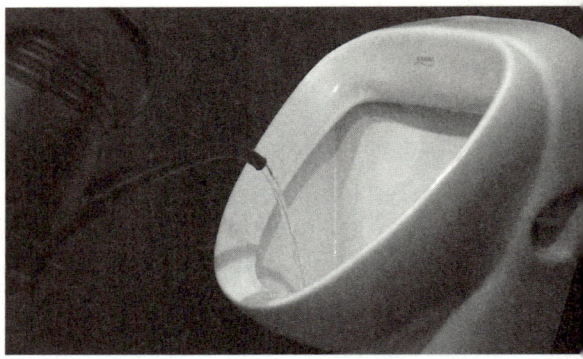

Für Horst Schulz ist das Problem damit klar umrissen: »Das besteht offensichtlich darin, dass das Blasengut nicht dort landet, wo es landen soll, sondern aufgrund der Tatsache, dass es Männer gibt, die ein bisschen zu weit zurückbleiben, auf dem Boden landet.«

Als Grund für das Ablaufen zur falschen Seite führt von Gilsa männliche Hybris an: »Die Länge des Gliedes und die Wurfweite bei der Blasenentleerung werden oft überschätzt. Dadurch wird der Abstand zu groß gewählt.«

Es liegt also am männlichen Urinstinkt, dass es im Klo nach Urin stinkt. Auch die aufgemalte Kerze scheint als Zielmarke und Ansporn, nichts vorbeigehen zu lassen, nicht auszureichen. Für diese Erkenntnis hätte man aus Sicht der Bürgerschafts-Vizepräsidentin Sülmez Dogan kein Gutachten benötigt: »Das weiß man auch so, gerade als Frau.«

Doch damit ist endlich auch wissenschaftlich bewiesen, dass es doch auf die Länge ankommt. Und zwar auf die Länge zwischen Gliedende und Urinalbeginn. Das Gutachten war also mitnichten ein Griff ins Klo, beteuert Monsees. Denn man habe die Ergebnisse den Fraktionsvorsitzenden mitgeteilt, die offenbar eine mäßigende Wirkung auf ihre männlichen Mitglieder haben müssen. »Seitdem ist das

Problem sehr klein geworden. Und das führe ich darauf zurück, dass sich die Benutzer jetzt etwas korrekter benehmen oder auch zurückhalten.«

Die Medienberichterstattung zu der Expertise für derartigen Pipikram habe ihr Übriges getan: »Ich muss auch sagen, dass durch diese öffentliche Debatte die Klos sauberer sind.« Dass das Gutachten bleibenden Eindruck hinterlassen hat, bestätigen auch mehrere Abgeordnete. »Ich uriniere immer fachgerecht«, sagt Jan Saffe von den Grünen. Ihm springt in dieser wichtigen Frage sofort ein politischer Gegner bei, Hauke Hilz von der FDP: »Ich habe schon genauer drauf geachtet, wie ich mich hinstelle. Tatsächlich. Das Gutachten hat offensichtlich dazu geführt, dass Mann darüber nachdenkt, wie man sich entleert.« Und Horst Schulz hat den ultimativen Tipp für alle künftigen Fleckenvermeider: »Tritt näher ran, er ist kürzer, als du denkst.«

Amts- oder Gutachterdeutsch:

»Wurfweite bei der Blasenentleerung«, die: Entfernung, die das vom männlichen Toilettenbenutzer abgesonderte Blasengut auf dem Weg vom Gliedende bis zum Urinalbeginn zurücklegt – und die offenbar häufig nicht ausreicht.

Bremer Erkenntnisse zum fließenden Verkehr

Dies ist die Geschichte eines großen Bauvorhabens, eines Senators, der es ganz genau wissen will, und eines Gutachtens, das endlich wissenschaftlich bestätigt, was man bislang nur geahnt hatte. Die Geschichte spielt auf der Schwachhauser Heerstraße in Bremen. Auf dem Weg in die Innenstadt hatte sich der Berufsverkehr hier früher stets gestaut. Um einen besseren Verkehrsfluss zu ermöglichen, wurde die Straße über Jahrzehnte in mehreren Stufen auf zwei Spuren pro Richtung ausgebaut.

Zwischen Hollerallee und Bismarckstraße stand einer Verbreiterung jedoch der Concordia-Tunnel im Weg. In der Bahnunterführung verengte sich die Straße wieder von zwei auf nur eine Fahrspur pro Richtung. Autofahrer mussten Geduld mitbringen, wollten sie durch das Nadelöhr Richtung Hauptbahnhof fahren. Die Verkehrsplaner vom Bremer Senat wagten sich schließlich an die Lösung für dieses Problem. Doch die war nicht ganz billig: Bis 2010 wurde auch der Tunnel verbreitert – für zwanzig Millionen Euro.

Seither stehen auf der Schwachhauser Heerstraße durchgängig zwei Fahrspuren in die Innenstadt zur Verfügung, und die Geschichte könnte hier bereits zu Ende sein. Wenn nicht Verkehrssenator Joachim Lohse von den Grünen die neu geschaffene Spur im Bereich des Tunnels statt zum Fahren zum dauerhaften Parken freigegeben hätte. »Wir

Für zwanzig Millionen Euro wurde der Concordia-Tunnel verbreitert. Jetzt können Autos auf zwei Fahrspuren nebeneinander fahren.

bezeichnen dies als die teuersten Parkplätze der Republik«, sagt Carl Kau vom Bund der Steuerzahler. Er steht im November 2016 vor dem Tunnel und deutet auf die dort in langer Reihe abgestellten Fahrzeuge am Fahrbahnrand. Kau findet es gut, dass der Tunnel verbreitert wurde, versteht nur die aktuelle Nutzung nicht. »Wenn man dann Parken erlaubt, ist das eine Geldverschwendung sondergleichen«, meint Kau.

Der Steuerzahlerbund fordert schon lange, dass die extra gebaute zweite Spur wie ursprünglich geplant zum Fahren freigegeben wird. Denn, so die Annahme, dann würde der Verkehr besser fließen. Doch da kann ja jeder kommen und das behaupten. Verkehrssenator Lohse wäre nicht Verkehrssenator Lohse, wenn er das nicht überprüfen ließe. Deshalb gibt seine Behörde 2014 erst mal ein Gutachten in Auftrag. Kau ist irritiert, warum diese Frage nicht innerhalb der Verkehrsbehörde geklärt werden kann. »Da müssten eigentlich

Fachleute sitzen, die so etwas beurteilen können«, sagt er. Dabei übersieht er vielleicht in seiner Selbstgewissheit, dass externer Sachverstand hier dringend geboten ist.

Ein Ingenieurbüro bekommt den Zuschlag für den zwei-stufigen »Verkehrsversuch Schwachhauser Heerstraße/Concordia-Tunnel«, bei dem wissenschaftlich untersucht wird, ob die Autos schneller durch den Tunnel kommen, wenn eine oder wenn zwei Fahrspuren zur Verfügung stehen. »Das hätte man als Klassenarbeitsaufgabe jedem Viertklässler stellen können«, meint Kau – und unterschätzt dabei völlig die Komplexität der Materie. Genau wie ein Anwohner: »Meiner Erfahrung nach ist es selbstverständlich bei zwei Spuren deutlich schneller«, sagt er. Doch diese vermeintliche Gewissheit kann trügerisch sein. Schließlich müssen zunächst akkurat die Versuchszeiträume definiert werden, um zu einem fundierten Ergebnis zu kommen.

Auf der rechten Spur darf geparkt werden. Und wer kann denn auch schon so genau wissen, ob der Verkehr auf zwei Fahrspuren wirklich schneller läuft als auf einer? Diese Frage kann nur ein Gutachter beantworten.

Die erste Versuchsphase läuft vom 01.09.2014 bis zum 28.02.2015. Währenddessen ist das Parken in der Rushhour montags bis freitags von sieben bis zehn Uhr im Abschnitt zwischen Hollerallee und Bismarckstraße verboten. Eine Woche lang – vom 06. bis zum 10.10.2014 – wird während dieser drei Stunden aufs Genaueste protokolliert, wie der Verkehr mit zwei zur Verfügung stehenden Spuren fließt. Entscheidendes Kriterium ist die »Reisezeit«, also der Zeitraum, den Fahrzeuge für die knapp fünfhundert Meter lange Strecke benötigen. 47 Sekunden ist der von den Wissenschaftlern gemessene Mittelwert. »Reisezeiten unter dreißig Sekunden sind eher die Ausnahme, genauso wie Reisezeiten über achtzig Sekunden nur in sehr seltenen Situationen gemessen werden konnten«, heißt es im zwanzigseitigen Gutachten.

Vom 01.03.2015 an ist das Parken in dem Bereich wieder erlaubt. Vom 20. bis zum 24.04.2015 wird zwischen sieben und zehn Uhr die Abwicklung des Verkehrs mit nur einer freien Spur beobachtet. »Mit der in Versuchsphase zwei wieder eingeführten Möglichkeit, am rechten Fahrbahnrand parken zu dürfen, gehen deutliche Veränderungen der Reisezeit einher«, fassen die Ingenieure zusammen. Im Schnitt brauchen die Autos nun 71 Sekunden für die Strecke. Auch die Ausreißer nach oben nehmen zu: »Reisezeiten unter dreißig Sekunden konnten dabei nicht mehr beobachtet werden, während Reisezeiten über neunzig Sekunden nunmehr einen Anteil von mehr als zwanzig Prozent der ausgewerteten Kraftfahrzeuge besitzen.« Zudem gebe es wiederholt Rückstauungen wegen der nötigen Einfädelungen, die in Phase eins nicht zu beobachten waren.

Das Fazit der Gutachter: »Der Verkehrsablauf ... verlief in Versuchsphase eins, d. h. ohne die Möglichkeit am rechten Fahrbahnrand zu parken, deutlich besser als in Versuchsphase zwei.«

Das überrascht dann doch. Nur einen Passanten nicht: »Das ist ja eigentlich schon logischer Menschenverstand, der das beantworten könnte, dafür braucht man keine Studie«, meint er. Auch Kau ist skeptisch. »Dass der Verkehr wesentlich besser fließt, wenn auf zwei Fahrbahnen gefahren werden darf und kein Auto den Weg versperrt, was für eine unglaubliche Erkenntnis ist das?«, fragt er. »Dafür hätte man keine 24.000 Euro ausgeben müssen.« So teuer war das Gutachten nämlich. Aber eine fundierte wissenschaftliche Expertise gerade in solch komplizierten Sachverhalten kostet nun einmal.

WAS IST DRAUS GEWORDEN?

Auch wenn das Gutachten bereits im September 2015 vorgelegt wurde, parken die Autos im Concordia-Tunnel nach wie vor auf der rechten Fahrspur. »Völliger Blödsinn« oder »dumm Tüch, wie man in Bremen sagt« sei das, regt sich ein älterer Herr auf. Die Studie sei »weggeschmissenes Geld« gewesen, wenn sich doch nichts geändert habe.

Dabei hat sich etwas geändert: Und zwar ist das Parken im Tunnel jetzt nicht mehr permanent erlaubt, sondern nur noch in der Zeit von zehn bis sieben Uhr. Für die drei Stunden der morgendlichen Rushhour stehen tatsächlich zwei Fahrspuren zur Verfügung, so wie in Versuchsphase eins des Gutachtens. Dabei war das ja eigentlich zu dem Schluss gekommen, dass ein generelles Freihalten für den Verkehrsfluss besser sei. »Das heißt, man hat die Empfehlung des teuren Gutachtens noch nicht einmal umgesetzt«, sagt Kau. Doch das ist keine Seltenheit: Ein Blick zurück in die Geschichte zeigt, dass wissenschaftliche Erkenntnisse zu den großen Fragen der Menschheit immer etwas brauchen, bis sie sich durchsetzen.

Gibt es dafür ein Formular?

Das Amt, dein Freund und Helfer

Ihnen ist oft langweilig, Sie haben nicht wirklich was zu tun? Dann geht es Ihnen wie vielen Beamten in den folgenden Geschichten. Machen Sie es wie die: Erfinden Sie Aufgaben – und beschäftigen Sie andere damit. Denken Sie sich bürokratisch klingende Begriffe wie »Sondernutzung«, »Aufgrabeschein« und »Verlustmeldung« aus. Das ist schon mal ein Anfang. Schicken Sie dann irre Begründungen hinterher und Sie werden sehen: Ihnen wird nie wieder langweilig sein. Gleichgesinnte finden Sie praktischerweise nahezu überall. Ob in Erfurt, Stralsund, Hamburg oder Eckernförde – überall hat man verstanden: »Behörden« ist eigentlich ein Verb, das diesen großen Spaß beschreibt.

Laterne vor der Einfahrt

Erfurt – immer eine Reise wert. Den berühmten Dom und die Krämerbrücke kann man jedoch getrost ignorieren. Wahre Liebhaber originärer Baukunst lassen die Touristenströme der Erfurter Innenstadt hinter sich und begeben sich an den Stadtrand ins Viertel Hochheim. Denn hier wohnt Swen Lober in einem ganz normalen Neubaugebiet. Zumindest auf den ersten Blick.

Denn womit Swen Lober – oder vielmehr die Auffahrt zu seiner Garage – aufwarten kann, das ist schon eine architektonische Besonderheit. Jeden Tag, wenn Lober von der Arbeit nach Hause kommt, stellt er fest: »So, hier ist jetzt Schluss, hier steht eine Laterne in der Einfahrt.«

Kein Vorbeikommen: Mit dem Auto kann Swen Lober nicht auf sein eigenes Grundstück fahren. Mitten auf der Garageneinfahrt steht eine Laterne.

Das ist korrekt. Und so extravagant! Gut, Herr Lober kann nun leider die Garage seines neu gebauten Hauses gar nicht nutzen, weil er nicht auf seine eigene Auffahrt fahren kann. Seit Monaten. Aber wer kann schon von sich behaupten, Thüringens bestbeleuchtete Garagenzufahrt zu haben? »Jeder Fremde fragt sich, ob wir vielleicht nicht ganz sauber sind«, sagt Lober.

Swen Lober findet, dass die Laterne an dieser Stelle kein Mast-have ist.

Das ist natürlich Blödsinn, Banausentum oder höchstwahrscheinlich Neid. Denn schließlich gibt es eine ganz simple Erklärung für diese besondere Art der Lichtinstallation: Die formschöne Straßenlampe steht nämlich schon länger da als Lobers Neubau. Auf der gegenüberliegenden Straßenseite sollte bereits vor Jahren ein Bürgersteig errichtet und im Zuge dessen die Laterne dorthin versetzt werden. Das ist nur nie geschehen. Aber dafür gibt es natürlich eine wasserdichte und aussagekräftige Begründung seitens des Verkehrsamts Erfurt: »Das haben wir nicht geschafft«, sagt Alexander Reintjes.

Äh, okay. Aber die Besonderheit der Laterne, die wird auch von Amts wegen erkannt, gesteht Reintjes:»Im Moment sieht's sehr lustig aus, keine Frage.« Ja, lustig! Nur Lober findet das Ganze irgendwie nicht so lustig. Vielleicht möchte er – ganz im Gegensatz zu der Laterne – *nicht* im Mittelpunkt stehen? Auf eigene Kosten will der Familienvater die lästige Leuchtanlage nicht versetzen lassen, denn er fürchtet, im Endeffekt eventuell doppelt zahlen zu müssen. »Schließlich werden wir Eigentümer ja an den Erschließungskosten beteiligt, wenn der Bürgersteig auf der gegenüberliegenden Seite tatsächlich kommt und die Lampe an ihren endgültigen Standort versetzt wird«, sagt Lober.

Deswegen muss er weiter ausharren. Na ja, zumindest hat er es dabei schön hell. Und zum Glück hat der freundliche Herr vom Verkehrsamt eine schlaue Idee:»Wir haben ihm angeboten, sein Grundstück über das Nachbargrundstück anzufahren«, sagt Reintjes.

Genau! Gute Idee! So sind sie, die Leute von der Stadt Erfurt: lösungsorientiert! Wäre da nur nicht so ein Profanbau ...

Richtig, ein Bauzaun. Hach, blöd. Auf diesem alternativen Weg kommt Herr Lober leider auch nicht mit dem Auto in seine Garage. Also, entweder freunden Sie sich mit der Straßenlaterne auf Ihrer Auffahrt gedanklich an oder Sie überzeugen die Leuchten von der Stadt Erfurt, sich um Ihre Leuchte zu kümmern. Was geht wohl schneller?

Herr Lober hatte noch ein bisschen was von der Laterne. Genauer gesagt: noch rund anderthalb Jahre. So lange hat es, nachdem extra 3 über die Laterne berichtet hatte, gedauert, bis sie entfernt wurde und Swen Lober seine Auffahrt und seine Garage nutzen konnte. Wobei »entfernt« jetzt auch zu viel gesagt ist. Zu Lobers Verwunderung wurde die Laterne nicht wie ursprünglich angekündigt auf die andere, unbebaute Straßenseite versetzt, sondern einfach ein paar Meter weiter. Vor das nächste Baugrundstück.

So kann sich der nächste Hauseigentümer an einer gut beleuchteten Garagenauffahrt erfreuen. Wie umsichtig von der Stadt Erfurt! Gut, das Grundstück ist noch nicht bebaut. Vielleicht kann der zukünftige Nachbar seine Auffahrt einfach geschickt um die Laterne herum bauen. Oder es kommt doch noch anders: Herr Lober erinnert sich an die Antwort des Handwerkers, der die Laterne von seiner Auffahrt zum Nachbarn versetzt hatte, auf die Frage, ob die Laterne nicht eigentlich auf die andere Straßenseite platziert werden sollte: »Ach wissen Sie, dann kommen wir eben wieder und setzen die noch mal um.«

Fischbrötchen im Dunkeln

Im Stralsunder Hafen verkauft Karsten Barz Speisen und Getränke von seinem zum Tresen umgebauten Fischkutter »Milan«. Davor sitzen seine Gäste an einem Oktoberabend an Bistrotischen auf der Kaimauer. Ob die Bedienung ihnen die gewünschten Speisen geliefert hat, können sie allenfalls raten. So wie die beiden Herren, die rätseln, was vor ihnen auf dem Teller liegt. »Auf jeden Fall ein Fischbrötchen«, sagt der eine Mann. »Aber was drauf ist, kann ich noch nicht sagen.« Sein Nebenmann meint: »Das schmecken wir dann raus.«

Denn sehen können sie das nicht. Dazu ist es viel zu dunkel. Das liegt daran, dass die Stadt bei der Sanierung des Hafengebietes niedrige Designerleuchten aufgebaut hat. Aus ihnen fällt das Licht nur durch einen schmalen Schlitz in knapp einem Meter Höhe. »Die kann ich mir zu Hause vorstellen, neben dem Fernsehsessel, da könnte man ein schönes Rotweinglas draufstellen und hätte dann auch schönes lauschiges Licht beim Fernsehabend«, sagt Gastwirt Barz und lässt seine Hand auf der Leuchte ruhen. Sein Gesicht liegt im Schummrigen, seine ein paar Meter weiter sitzenden Gäste sind nur in Umrissen zu erkennen. »Hier als Hafenbeleuchtung oder um so eine Fläche auszuleuchten ist die Leuchte völlig fehl am Platz.«

Barz erinnert sich noch (notgedrungen) dunkel an die früher hier stehenden Straßenlaternen, die im Zuge des Umbaus entfernt wurden. So eine helle Lichtquelle hätte er gerne wieder. Also besorgt er sich im Baumarkt selbst eine Lampe und baut sie vor seinem Kutter auf. Als er sie jedoch einschaltet, schaltet sich auch sehr schnell die Stadtverwaltung ein. »Das Aufstellen einer Mastleuchte vor Ihrem Verkaufskutter wird abgelehnt«, heißt es in einer schriftlichen Antwort auf Barz' Sondernutzungsantrag.

Die Lampe füge sich nicht in die Eigenart der näheren Umgebung ein. »Das Ortsbild würde eine Beeinträchtigung erfahren.« Schließlich habe die Stadt im Hafen eine »Gesamtflächenplanung mit einem durchgängigen Gestaltungsansatz« verfolgt. Die niedrigen Pollerleuchten seien »entsprechend auf den Gestaltungsansatz abgestimmt zurückhaltend eingefügt worden«.

Für Barz leider zu zurückhaltend. Seine eigene Leuchte sei deshalb auch aus Sicherheitsgründen vonnöten. »Die Lampe dient dazu, dass die Leute hier nicht über die Tische fallen, nicht über die Bordsteinkante stolpern und dass sie eben

Karsten Barz will, dass seine Gäste sehen können, was sie essen. Doch die Stadt erlaubt nicht, dass er vor seinem Kutter eine Lampe aufstellt.

sehen, was sie verzehren an Speisen und Getränken«, sagt Barz.

Doch die Stadt zweifelt an dieser offensichtlichen Notwendigkeit und will die Lampe nicht genehmigen – und das auch nicht nach einem Ortstermin, an dem Vertreter von Hafenamt und Baubehörde teilnehmen. Dabei kommen die Beamten zu einem wenig überraschenden Ergebnis: »Die Stadt hat festgestellt, nachdem ich den Stecker für die Lampe gezogen habe, dass es hier wirklich sehr dunkel ist, dass man hier wirklich nichts sieht«, sagt Barz.

Die Leuchten vom Amt präsentieren eine ganz eigene Lösung des Problems. »Eine Ausleuchtung des vor dem Kutter befindlichen Platzes ist nicht ausgeschlossen«, heißt es von Pressesprecher Peter Koslik. Barz wittert einen lichten Moment. »Die Stadt hat mir vorgeschlagen, dass ich die Lampe auf mein Boot stellen könnte, das wäre okay«, sagt Barz. »Ich

Bei einem Test vor Ort stellt die Stadt fest, dass es wirklich sehr dunkel ist, wenn nur die kleinen Designerlampen leuchten. Dennoch bleibt Barz' Lampe verboten.

kann diesen Platz von meinem Kutter aus so hell machen, wie ich möchte, aber ich darf hier auf diesen Platz keine Lampe stellen.«

Diese Argumentation des Amtes findet der Gastronom nicht so einleuchtend. Dabei ist es eine blendende Idee – wortwörtlich. Denn eine Lampe an Bord müsste ja quasi waagerecht nach vorne leuchten. »Wenn ich diesen Platz vom Boot aus anstrahlen würde, müsste ich ja meinen Kunden Sonnenbrillen geben, damit sie sich nicht geblendet fühlen«, meint Barz. Bei Lichte betrachtet ist der Vorschlag also nicht sonderlich praktikabel.

Der genaue Hintergrund der Entscheidung, der zufolge eine Lampe an Bord des Kutters das Stadtbild weniger verschandelt als eine Lampe davor, bleibt im Dunkeln. Genau wie die Fläche vor dem »Milan«. Und so müssen die Kunden weiter über die Brötchenauflage rätseln. »Zur Not kann man ja nachfragen am Kutter«, sagt ein Gast. Sofern er den Weg dorthin ohne zu stolpern schafft.

WAS IST DRAUS GEWORDEN?

Und siehe da: Es werde Licht. Nur wenige Wochen nach Ausstrahlung des Beitrags reagiert die Stadt Stralsund. So habe man die öffentliche Beleuchtung im Bereich rund um den Kutter »Milan« untersucht und festgestellt, dass sie nicht optimal sei, sagt Stadtsprecher Koslik.

»Zur Verbesserung der Beleuchtung wurde von der Stadtverwaltung eine Mastleuchte an der Badenbrücke aufgestellt. Diese Leuchte verbessert auch die Ausleuchtung des Freisitzbereichs beim Kutter, sodass das Aufstellen einer privaten Leuchte nicht mehr erforderlich ist.«

Karsten Barz meint, er habe schon immer ein helles Licht gehabt – also im Köpfchen –, und freut sich noch heute über seinen Schachzug, die Öffentlichkeit einzuschalten, um Licht ins Dunkel zu bringen. »Die haben mir eine sensationelle Beleuchtung hingestellt«, sagt er zufrieden. Die Straßenlaterne sei wirklich sehr hell. Und habe zudem noch einen monetären Vorteil: »Das Gute ist, ich muss den Strom nicht mehr selbst bezahlen.«

Anreise

Der Fischkutter »Milan« liegt im Stralsunder Hafen unweit des Erlebnismuseums »Ozeaneum«. Man erreicht ihn von der Innenstadt kommend über die Neue Badenstraße. Das Boot liegt direkt rechts neben der Brücke über den Fährkanal.

GEPRÜFT

Die Raststätte Rodaborn in Thüringen

Oh Thüringen! Oh Freistaat Thüringen, womit kannst du nur alles aufwarten! Kultur! Natur! Geschichte! Du weißt, wie du Einheimische und Besucher begeisterst und fasziniert! Man könnte meinen, für dich gibt es nicht genug Ausrufezeichen! Du hast auch die besten Bratwürste! Und die älteste Raststätte Deutschlands, die Raststätte Rodaborn an der Autobahn 9 zwischen Leipzig und München. Hier wird dem Reisenden, der für eine Pause den Parkplatz anfährt, noch richtig was geboten! Zum Beispiel die Thüringer Rostbratwürste – oder wie man in Thüringen sagt: Roster – von Christina Wagner. Frau Wagner wartet hier an der Raststätte auf Kunden, denen sie ihre frisch vor Ort gegrillten Roster für 2,50 Euro verkaufen kann. Und die Kunden kommen auch. Hungrige Reisende, die sich bei einer Grillwurst von der anstrengenden Fahrt auf der Autobahn erholen möchten. Einmal geparkt, müssen sie eigentlich auch nur vom Parkplatz rüber zur kleinen Würstchenbude vor dem Hauptgebäude der Raststätte gehen. Bisschen blöd nur, dass auf der Hälfte des Weges zwischen Parkplatz und Rostern ein rund zwei Meter hoher Zaun steht.

Die hungrigen Reisenden erkennen auf den ersten Blick die Einzigartigkeit an der Raststätte Rodaborn. »Das ist ein Schildbürgerstreich, das sind Grimms Märchen! Wenn Sie so was erzählen! Und das erzähle ich zu Hause, das können

Was unterscheidet im deutschen Autobahnwesen einen einfachen Parkplatz von einer Raststätte? Ein Zaun. Der trennt in Rodaborn die Wurst-
verkaufsstelle vom Rastplatz.

Sie wohl glauben!«, erklärt eine ältere Dame und fährt
fort: »Dass man hier über die Leiter steigen muss, um 'ne
Bratwurst zu holen!« Doch komischerweise hat kaum einer
eine Leiter dabei, um über den Zaun zu steigen. Aber das
macht auch nichts! Schließlich gibt es einen ganz einfachen
Weg, um auf die andere Seite zu gelangen. Als würde man
in Thüringen Probleme haben, an die Thüringer Rostbratwürste zu kommen ... Nicht doch! Einfach diesem Weg folgen: Setzen Sie sich wieder in Ihr Auto. Fahren Sie wieder
auf die A 9. Und zwar bis zur nächsten Ausfahrt. Da dann
raus. Dann beim Kreisverkehr links, über die Brücke rein
in den Ort Triptis. Dort am alten Bahnhof entlang Richtung Industriegebiet Ost. Dann rechts halten und nach
der Fahrzeugfabrik weiter geradeaus über die Brücke. Die
Autobahn überqueren und dann am Wald rechts rein. Und
nach nur zehn Minuten ist man da! Auf der anderen Seite

des Zauns. Ein Kinderspiel! »Das ist doch bescheuert so was! Man muss doch vom Parkplatz aus da hingehen können«, findet die aufgebrachte Dame, die schon Grimms Märchen herangezogen hatte. Ein Mann, der auf der Parkplatzseite an den Zaun gelehnt Pause macht, ist der Meinung, der Zaun müsse weg: »Überall werden Grenzen und Zäune beseitigt und hier werden große Zäune aufgebaut für einen Haufen Geld. Quatsch!« Aber, aber! Der Zaun hat durchaus seinen Sinn und seine Daseinsberechtigung.

Das thüringische Verkehrsministerium hat nämlich entschieden, dass die Raststätte Rodaborn, die älteste Deutschlands, keine Raststätte mehr sein soll. Sie ist jetzt nur noch ein Parkplatz. Und der Parkplatz darf keinen Wurstverkaufspunkt haben. Im Verkehrsministerium findet man, dass es an der A 9 zu viele Raststätten gibt. Die maximale Anzahl an Konzessionen für Raststätten an der A 9 sei nach ihrem Ausbau im Jahr 2004 erreicht. Der Bedarf sei gedeckt, heißt es. Außerdem stehe nur wenige Kilometer weiter eine Raststätte mit Lizenz. Und bevor man Gefahr läuft, dass ein armer Reisender am Parkplatz Rodaborn parkt und ohne das Wissen um die Umwidmung der Raststätte zum simplen Parkplatz zum alten Raststättengebäude oder zur Würstchenbude von Frau Wagner läuft, hat man lieber diesen Zaun errichtet. Sicher ist sicher.

Im Zaun sind allerdings Türen. Die sind aber mit dicken Vorhängeschlössern verschlossen. Für Frau Wagner und ihre Roster ist die Situation daher etwas unglücklich. Es

»Die Klassiker Schwein, Rind und Geflügel sind grilltechnisch recht einfach zuzubereiten. Höhere Ansprüche an die Grillkunst stellen Tiere mit hohem Wassergehalt, wie etwa Quallen.«

nehmen vielleicht auch gar nicht so viele Leute den klitze-kleinen Umweg auf sich, um auf die andere Seite des Zauns zu kommen. Aber deswegen hat sich das Ministerium etwas einfallen lassen. Die Würstchengrillerin höchstpersönlich erklärt, welches Zugeständnis die Behörde gemacht hat. »*Über* den Zaun dürfen wir verkaufen. Bloß nicht *durch* den Zaun.« Christina Wagner erklärt das Prozedere: »Wir haben 'ne Bimmel hingehängt und stellen eine Leiter hin, damit die Leute bimmeln können. Und dann bekommen sie ihren Roster übern Zaun.« Ne Bimmel! Heiliger Bimbam! In Thüringen kann man was erleben! Bratwurstverkauf über den Zaun – dank Leiter und Klingel. Genial! So funk-tioniert's: Klingeln, die Bestellung laut über den Zaun in Richtung Würstchenbude rufen. Frau Wagner kommt dann mit Leiter und Körbchen, um das Grillgut über den Zaun zu hieven.

Christina Wagner darf ihre Roster nicht durch den Zaun, wohl aber darüber verkaufen.

Bei den Kunden kommt das ungewöhnliche Verkaufskonzept natürlich gut an. Ein Mann, der auf der Parkplatzseite des Zauns steht und soeben in seine Bratwurst gebissen hat, sinniert: »Ich habe noch nie übern Zaun eine Bratwurst gegessen. Obwohl ich drei Jahre bei den Grenztruppen tätig war.« Tja, so etwas gibt es nun mal nur in Thüringen! Hier wird aus Deutschlands ältester Raststätte im Handumdrehen Deutschlands einziger zaunübergreifender Würstchenverkauf.

WAS IST DRAUS GEWORDEN?

Christina Wagner verkauft – Stand: Juni 2017 – immer noch Würstchen über den Zaun. Tatsächlich ist aber ein Rechtsstreit entfacht, der sich seit Jahren hinzieht. Man könnte sagen: Es geht um die Wurst! Wie man der regionalen und überregionalen Presse entnehmen kann, liegen anstrengende Monate und Jahre hinter Frau Wagner: Bereits 2013 untersagte ihr das Land Thüringen den Über-den-Zaun-Verkauf und drohte ein Zwangsgeld von 2.000 Euro an. Im Mai 2016 entschied dann das Verwaltungsgericht Gera, dass Frau Wagners Würstchen-Business rechtswidrig ist. Man brauche dafür eine Konzession oder eine Sondernutzungsgenehmigung. Letztere hat Frau Wagner daraufhin beantragt. Zusätzlich beantragte sie die Zulassung zur Berufung. Eine Besonderheit im Verwaltungsrecht. Dieser Antrag wurde im Mai 2017 vom Oberverwaltungsgericht in Weimar zurückgewiesen.

Im Dezember 2016 berichtet der Mitteldeutsche Rundfunk, dass das zuständige Landesamt für Bau und Verkehr den Antrag auf Sondernutzung abgelehnt hat. In der

Berichterstattung heißt es: »Die Behörde hält den Verkauf von Bratwürsten über den Zaun wegen der Nähe zur Parkplatzeinfahrt offenbar für zu gefährlich. Außerdem sieht sie keinen Bedarf an weiteren Raststätten in dem Autobahnabschnitt.« Auch gegen die Ablehnung einer Sondernutzung ist Frau Wagner in Widerspruch gegangen. Darüber hat das Landesamt für Bau und Verkehr zum Zeitpunkt der Entstehung dieses Buches im Juni 2017 noch nicht entschieden. Frau Wagner verkauft vorerst weiter. Sie will – sollte der Antrag auf Sondernutzung abgelehnt werden – weiter klagen.

Laut ihrer Anwältin wusste Frau Wagner beim Kauf, dass sie keine Konzession für eine Tank- oder Rastanlage erhält. Es sei ein Fußweg vom Parkplatz zum Würstchenstand zugesichert worden, der bis heute nicht existiert. Darüber hinaus sei die Kernfrage im Würstchen-Zaun-Streit, ob es sich beim Verkauf von Frau Wagner um einen Konkurrenzbetrieb zu den Raststätten der Tank & Rast GmbH handele, die den Großteil der Raststätten in Deutschland betreibt beziehungsweise verpachtet.

Abgesehen von den juristischen Auseinandersetzungen ist der Imbiss im Laufe der Jahre zu einer echten Attraktion mit Stammkunden geworden. Im Juli 2012 ereignete sich jedoch ein schlimmer Unfall, in dessen Mittelpunkt der umstrittene Zaun stand. Ein Mann kletterte über ebendiesen Zaun – mutmaßlich um zur Würstchenbude zu gelangen. Er blieb mit seinem Ring am Zaun hängen und riss sich einen Finger ab.

Die Straßen-sondernutzungs-gebühren-verordnung

Hartmut Moede fährt von seinem Grundstück auf die Landesstraße 263 bei Menzlin in Mecklenburg-Vorpommern. Er nutzt dazu seine Auffahrt, als sei es das Normalste von der Welt. Dabei betreibt Moede hier gebührenpflichtige Sondernutzung.

»Hierfür soll ich 41 Euro Sondernutzungsgebühr pro Jahr bezahlen«, empört sich der Landwirt. Bislang war es für ihn umsonst, sein Grundstück zu verlassen. Plötzlich soll eine Gebühr dafür erhoben werden. »Das versteht kein Mensch.«

Oh doch, das versteht ein Mensch, und der heißt Ralf Sendrowski und ist Leiter des zuständigen Straßenbauamts Stralsund. Er erklärt, was seit 2009 neu ist im Straßenwesen in Mecklenburg-Vorpommern. Damals wurde die StrSNGebVO beschlossen – die Straßensondernutzungsgebührenverordnung. Was die beinhaltet, beschreibt Sendrowski in elegant gewählten Worten: »Die Straßensondernutzungsgebührenverordnung formt die Gebühren für die Straßensondernutzung aus. Jetzt ist die Frage: Was ist eine Straßensondernutzung?«

Das fragt sich auch Hartmut Moede. »Wenn ein Bürger hier auf die Straße fährt, ist das keine Sondernutzung in unseren Augen«, sagt er. Außerdem habe er die Auffahrt selbst

Hartmut Moede hat die Auffahrt zu seinem Hof selbst gepflastert. Trotzdem soll er nun pro Jahr 41 Euro Sondernutzungsgebühr bezahlen, weil er darüber auf die Landesstraße fährt.

bis an die Straße heran gepflastert, auf eigene Kosten. Die Zuwegung bestehe darüber hinaus schon, seit die Familie 1923 hier hingezogen sei. Doch auf ein solches Gewohnheitsrecht zu pochen ist vergebens. »Die Tatsache, dass vor 2009 keine Sondernutzungsgebühren erhoben wurden, lässt kein schützenswertes Vertrauen entstehen, dass auch zukünftig keine Gebühren erhoben werden«, heißt es dazu aus dem Schweriner Verkehrsministerium.

Kein schützenswertes Vertrauen: Moede muss sich dem nun stellen. Im Brief vom Straßenbauamt heißt es unmissverständlich: »Vorliegend handelt es sich der Annahme nach um eine Zufahrt zu einem privat genutzten Wohngrundstück mit einem durchschnittlichen Anliegerverkehr bis zehn Kfz pro Tag und zu einer Landesstraße mit regionaler Verbindungsfunktion.«

Die regionale Verbindungsfunktion ist hier der entscheidende Punkt. »Auf dieser freien Strecke können Zufahrten und Zugänge die Sicherheit und Leichtigkeit des Verkehrs im besonderen Maße beeinträchtigen«, teilt das Verkehrsministerium mit. Die logische Folge: »Für diese Sondernutzung können nach § 28 Absatz 1 des Straßen- und Wegegesetzes M-V Gebühren erhoben werden.«

Sendrowski kennt diese Gesetze – und wendet sie an: »Außerhalb der geschlossenen Ortschaften dient die Straße hauptsächlich dazu, von A nach B zu gelangen, und nicht, um Grundstücke zu erschließen. Wo das der Fall ist, liegt eine Sondernutzung vor.«

Das ist dann halt Pech für die, die entlang des Weges von A nach B wohnen. Denn während das Fahren auf der Straße selbstverständlich für alle gratis ist, kostet das Abbiegen aufs

Bauamtsleiter Ralf Sendrowski zufolge dient eine Landesstraße dazu, von A nach B zu kommen. Wer dazwischen wohnt und ab und an auf sein Grundstück fährt, betreibt Sondernutzung.

eigene Grundstück für die Anlieger logischerweise Geld. Dafür bekommen sie ja auch etwas, nämlich das Recht, die Auffahrt zu nutzen, so das Amt.

Das kann auch schon mal etwas teurer werden. Katja Bednarski betreibt einige Hundert Meter entfernt von Moedes Bauernhof ein Seniorenheim. Auch sie hat Post vom Amt bekommen, weil sie eine Auffahrt von der Landesstraße nutzt. Rückwirkend bis 2009 soll sie demnach knapp 1.000 Euro zahlen – pro Jahr. »Zuerst fand ich das frech, dann war ich erschrocken«, sagt Bednarski. Dabei ist die Rechnung ganz einfach, wie die Altenpflegerin erfährt, als sie ihren Anwalt beim Amt nachfragen lässt. Und zwar wurden die 41 Euro mit den 17 Wohneinheiten im Heim multipliziert. »Des Weiteren sind sie auf dem Amt der Meinung, dass hier extrem viel mehr Fahrzeuge die Auffahrt nutzen als bei einem normalen Haushalt, aufgrund der Versorgung unserer Bewohner.«

Ja, ist doch auch klar: All die Krankentransporte oder die Fahrten zu Terminen in der Stadt, und dann noch die ganzen Besuche von Angehörigen. Das ist eine Sonder-Sondernutzung. Und die kostet nun mal etwas mehr. Da muss Bednarski gar nicht so verständnislos tun: »Warum müssen wir dafür zahlen, dass wir hier rauffahren dürfen? Wir müssen doch irgendwie hierhin. Wir können doch nicht mit dem Hubschrauber anfliegen.«

Bednarski versucht wegen der Kosten auf Mitleid zu setzen. »Das ist für unsere Mieter hier im Objekt einfach nicht tragbar«, klagt die Heimleiterin. Aber das Amt lässt sich nicht erweichen. Es kann für finanzschwache Senioren keine Ausnahme geben. Da zählt auch nicht, dass es noch eine Besonderheit gibt, wie Bednarski erläutert: »Keiner von unseren alten Leuten kann selbst noch ein Fahrzeug bedienen.« Das ist dem Straßenbauamt aber völlig egal. Es kommt allein darauf an, dass die in den 17 Wohneinheiten lebenden Menschen von Zeit zu Zeit mit fremder Hilfe über die Auffahrt auf die Straße gelangen.

Auch die Bewohner des Seniorenheims müssen Straßensondernutzungs-gebühr entrichten. Völlig unabhängig davon, dass keiner von ihnen mehr am Straßenverkehr teilnimmt.

Ausnahmen gibt es nur für Bauernhöfe. In der StrS-NGebVO steht, dass Auffahrten zu landwirtschaftlichen Grundstücken von den Gebühren ausgenommen sind. Auf dieses Recht kann sich aber nicht jeder Bauer, wie etwa Hartmut Moede, einfach so berufen. Denn eine Befreiung von der Straßensondernutzungsgebühr tritt nur ein, wenn die betreffenden Grundstücke ausschließlich für die Land-wirtschaft genutzt werden.

Grundstücke, die gleichzeitig zu Wohnzwecken genutzt werden, sind hingegen als normale Wohngrundstücke zu qualifizieren. »Ein Bauernhof muss doch auch ein Haus haben, wo der Bauer wohnt«, sagt Moede. »Und das haben wir hier. Da muss der Bauer nun noch extra für die Auffahrt zahlen.«

Exakt. Prinzip endlich verstanden. Moede soll sich lieber schön freuen, dass er lange Zeit keinen Cent für seine Sondernutzung zahlen musste. »Er kann im Prinzip froh sein, dass er über Jahrzehnte hinweg noch nicht durch eine Gebührenverordnung belastet wurde«, erklärt Amtsleiter Sendrowski.

Eben. Deshalb sollte er sich jetzt mal lieber nicht über Gebühr aufregen.

WAS IST DRAUS GEWORDEN?

Beim Straßenbauamt Stralsund möchte man fünf Jahre später lieber nicht noch einmal zu der Thematik Stellung nehmen, sondern verweist an das Verkehrsministerium in Schwerin. Die dortige Pressesprecherin Karen Reinschmidt-Schilling teilt mit: »Die Verordnung über die Erhebung von Gebühren für Sondernutzungen an Bundesfern- und Landesstraßen (Straßensondernutzungsgebührenverordnung – StrSNGebVO M-V) vom 15.04.2009 wurde durch die Verordnung vom 17.06.2013 geändert.« Geändert klingt zunächst einmal nach nicht sonderlich viel. Doch diese Änderung kommt einer Revolution innerhalb der StrSNGebVO gleich. Denn am 17.06.2013 wurde nichts weniger beschlossen als die »Gebührenfreistellung für bestimmte Nutzungsarten«. Zufahrten zu für Wohnzwecke bestimmten Grundstücken sowie zu nicht gewerblich genutzten Grundstücken sind seither gebührenfrei. Da kann sich Bauer Moede also freuen, weil er auf seinem Bauernhof ja auch wohnt. Frau Bednarski und ihre Senioren müssen ebenfalls nicht zahlen, da laut »Anlage zur StrSNGebVO« die Gebühr nur noch für »Zufahrten von gewerblich genutzten Grundstücken fällig wird, z. B. Industriewerken, Einkaufszentren, Tankstellen, Kiesgruben, Steinbrüchen, Gaststätten«. Von einem Altenheim ist dort nicht die Rede. »Nun ist also Ruhe«, sagt Moede und klingt erleichtert. »Wir mussten keine Sondernutzungsgebühr zahlen. Da sind wir noch mal davongekommen.«

Weil mit der Novelle sehr viele davongekommen sind, ist der Betrag, der durch die StrSNGebVO eingenommen wird, durchaus überschaubar: »Die Einnahmen beliefen sich im Jahr 2016 auf 97.962,14 Euro«, sagt Reinschmidt-Schilling. Man mag sich fragen, ob der bürokratische Aufwand des Eintreibens sich immer noch lohnt. Oder ist das Nachdenken darüber bereits ungebührlich?

Das Schwein von Blankenese

Sören Sörensen wohnt im Sörensenweg. Der ist nach einem seiner Vorfahren benannt, der auch schon Sören Sörensen hieß. Dieser Mann ist jedoch nicht nur dem Namen nach tief verwurzelt im Hamburger Stadtteil Blankenese. Er engagiert sich dort auch für den öffentlichen Raum.

Aus Treibholz in der Elbe hat Sörensen mit der Motorsäge eine Skulptur gebastelt: ein dicker Stamm, vorne angespitzt, mit vier runden Balkenstücken als Füße und zwei angeschrägten kleineren Balken als Ohren – ein Holzschwein.

Sören Sörensen hat aus Treibholz ein Schwein gebastelt und es in Blankenese aufgestellt: Ist das nun Kunst oder muss das weg, wie der Wegewart findet?

Als Ringelschwanz dient ein blaues Schiffstau (ebenfalls aus der Elbe gefischt), mit dem Sörensen es an der Kreuzung vor der Postfiliale an einem Schild festgebunden hat. »Kinder reiten drauf, Erwachsene sitzen drauf, Touristen lassen sich drauf abbilden, und alle lachen sich tot und freuen sich«, sagt Sörensen. »Es ist einfach ein schnuffiges Schwein.«

Bis zu einem Tag im April 2016, da hat es sich ausgeschnufft. Drei Monate nach der Aufstellung ist das Schwein plötzlich weg. Zunächst glaubt Sörensen an Vandalismus oder dreisten Diebstahl, doch hinter dem Verschwinden des Schweins steckt ein bürokratischer Vorgang. Dem Wegewart ist die im Amtsjargon »Postkreuzungsschwein« genannte Skulptur bei seinem Rundgang aufgefallen. So erzählt es Martin Roehl, Pressesprecher des für Blankenese zuständigen Bezirksamts Altona. »Der Wegewart hatte das Schwein dort an seinem Platz gesehen und festgestellt, dass es eine Gefährdungslage gibt«, sagt Roehl. »Seine Aufgabe war daraufhin, dieses Schwein zu entfernen, um eben diese Gefährdungslage zu beheben.«

Ein friedlich auf dem Bürgersteig stehendes Holzschwein soll gefährlich sein? Sörensen kann das kaum glauben. Doch, doch, entgegnet Roehl: »Die Verkehrssicherheit war nicht mehr gegeben. Wenn ein Schwein, ein Holzschwein, ein Kunstschwein wie dieses hier in den Wegebereich wandert, stolpert jemand, der unachtsam ist, vielleicht drüber. Der Wegewart hat daraufhin das Schwein sozusagen verhaftet, mitgenommen und auf dem Bauhof erst mal zwischengelagert.«

Als Sörensen den wahren Grund für das Verschwinden seines Kunstwerks erfährt, zögert er keine Sekunde. »Ich bin zum Bauhof gefahren und hab's zurückgeklaut. Klappe auf, Schwein rein, Klappe zu«, beschreibt er seine Schwein-Rückholaktion. Danach stellt Sörensen es vorsichtshalber nicht mehr auf dem Gehweg auf, sondern bindet das Schwein ein paar Hundert Meter weiter mit seinem Ringelschwanz-Seemannstau an ein Schild am Rande einer Grasfläche. Hier könne ja nun wirklich keine Gefahr mehr von dem Holztier ausgehen, denkt er. »Das ist ja einfach eine Wiese vor der Kirche«, sagt Sörensen. »Also ich dachte, es wäre eine Wiese, aber es ist de facto ein ›gepflegtes Straßenbegleitgrün aus dem Verwaltungsvermögen des Bezirks‹, wie ich zwischenzeitlich gelernt habe.« So heißt die Wiese mit vollem Bürokratie-Namen.

Auch auf diesem gepflegten Straßenbegleitgrün im Verwaltungsvermögen des Bezirks könne das Schwein unmöglich einfach so stehen bleiben, erfährt Sörensen vom Wegewart. Jedenfalls nicht ohne behördlich genehmigte Erlaubnis auf Sondernutzung einer öffentlichen Wegefläche. Es handelt sich laut Roehl daher weiter um »ein illegales Schwein im strengen Sinne des Gesetzes«. Allerdings versuche man ja, mit dem Künstler zu einer Einigung zu kommen. Doch bis es so weit ist, entspinnt sich am Dienstag, 26.04.2016, per Mail folgender Schriftwechsel zwischen den Beteiligten:

Um 10:37 Uhr schreibt der Wegewart Thorsten N.:

Sehr geehrter Herr Sörensen,

bei allem Verständnis für künstlerische Freiheiten, Sie sollten Ihr dreistes Postkreuzungsschwein im Zaume halten, da es andernfalls kurzfristig entsorgt wird.
Ihr wildes Schwein stellt mithin eine Ordnungswidrigkeit dar, und »unsere Jungs« werden dann dahingehend von der Leine gelassen, den Verursacher an die Leine zu nehmen!

Sollten Sie Ihre Installation nicht <u>bis zum 28.04.,</u>
<u>12:00 Uhr aus dem öffentlichen Raum entfernt haben,</u>
werden wir das auf Ihre Kosten veranlassen. Eine Ge-
bührenlegung für unerlaubte Sondernutzung und die
Einleitung eines Ordnungswidrigkeitenverfahrens
behalten wir uns vor.

Mit freundlichem Gruß
Thorsten N.

Um 11:24 Uhr antwortet Sörensen und schickt den
Screenshot seiner Facebook-Seite im Anhang mit, auf der
sich viele Anwohner positiv zu seinem Kunstwerk geäußert
hatten:

Sehr geehrter Herr N.,

ich teile weder Ihre Worte noch Ihre Inhalte. Anbei
finden Sie noch einmal die Sicht der Blankeneser. (...)
Es gab in weniger als einem Tag 150 Blankeneser, die
sich pro Schwein geäußert haben.

Mit freundlichen Grüßen
Sören C. Sörensen

Der Vorgang wandert nun eine Verwaltungsebene hoch: Nur
anderthalb Stunden später schaltet sich der Vorgesetzte von
Herrn N., der Leiter der Außendienste im Bezirk Altona,
Thomas R., in die Diskussion ein und unterbreitet eine Lö-
sungsmöglichkeit. Um 12:56 Uhr schreibt der Oberwegewart:

Hallo Herr Sörensen,

(...) Ich stehe hinter der Entscheidung der Wege-
aufsicht, dass dort über »Sein oder Nichtsein« von
Installationen im öffentlichen Grund entschieden
wird – dieses insbesondere im Hinblick auf die Ver-
kehrssicherheit!

Um hier nun die Kuh vom Eis zu kriegen (oder das
Schwein in die Legalität zu bringen), möchte ich Sie
bitten, die beiden Anträge zu unterzeichnen und an
mich zu senden.

Herzlichst,
Thomas R.

R. hat Sörensen die Anträge unterschriftsreif vorbereitet.
Formal handelt es sich dabei laut Aufdruck um eine »Genehmigung für die Aufstellung einer Skulptur mit Antrag
auf Erteilung einer Genehmigung als Verwaltungs- und be-
nutzungsgebührenfreie Sondernutzung«.

Darauf zu sehen ist ein Foto mit dem Schwein an seiner
jetzigen Position, schräg dahinter ein Pfeil, der auf den vom
Wegewart gewünschten künftigen Aufstellort ein Stück
weiter entfernt vom Gehweg weist. Zur Örtlichkeit der be-
antragten Sondernutzung für das frühere Postkreuzungsschwein ist ergänzend vermerkt: »Im Auslauf so gestaltet,
dass das Schwein nicht durch Kippen in den Wegekörper
gelangen kann.«

Sörensen füllt die Anträge aus und schickt sie um 15:47
Uhr zurück an Herrn R.:

Sehr geehrte Damen und Herren,

hiermit beantrage ich unter der Voraussetzung, dass dies kostenlos ist, die Schweine-Legalisierung auf dem »gepflegten Straßenbegleitgrün aus dem Verwaltungsvermögen des Bezirks« .
Frage: Müssen die Blankeneser ihr Schwein jetzt bis zur Entscheidung umparken?

Mit besten Grüßen
Sören C. Sörensen

Die Antwort kommt zwölf Minuten später, ganz unformal ohne große Anrede:

Besorgen Sie sich bitte einfach einen Erddübel und fixieren das Schwein – an den Schilderpfosten darf es nicht angebunden sein.
Ich setze mich intern dafür ein, dass dieser Antrag auch genehmigt wird.

Herzlichst,
Thomas R.

Das letzte Wort habe laut Roehl die Bezirksversammlung Hamburg-Altona: »Wenn dort die Politik ein positives Votum abgibt, wird auch eine Genehmigung für das Schwein unter bestimmten Bedingungen erteilt werden.« Eine dieser Bedingungen sei die feste Aufstellung des Schweins statt der lockeren Anbindung an das Schild. »Solche Tiere haben ja die Angewohnheit zu wandern, und das lässt sich dann nicht kontrollieren, wo es letztendlich verbleibt«, sagt Roehl.

Entsprechend der Aufforderung von Herrn R. besorgt sich Sörensen einen Bodenanker. Zwei Tage später kündigt er in einem Telefonat mit dem Oberwegewart an, diesen nun unter dem Schwein vergraben zu wollen. »Da merkte man am anderen Ende des Telefons Schnappatmung«, erinnert sich Sörensen an das Gespräch. »Ich würde dann ja eine Aufgrabung im öffentlichen Grund vornehmen zur Verbringung eines Bodenankers im Bezirksverwaltungseigentum.« Und das betreffe einen anderen Genehmigungskreislauf.

»Das ist nicht so einfach«, bestätigt auch Roehl. »Wenn ich den öffentlichen Grund aufgraben möchte, brauche ich einen sogenannten Aufgrabeschein.«

Diesen Aufgrabeschein muss Herr Sörensen erst noch beantragen. So ein Holzschwein ist rechtlich eben nur schwer einzuhegen.

WAS IST DRAUS GEWORDEN?

Wenige Wochen nach dem Mailverkehr spricht Sörensen vor dem Ausschuss für Kultur und Bildung in der Bezirksversammlung Altona vor. Der Ausschuss beratschlagt in der Regel über öffentliche Förderung für Kunstprojekte. Doch die will Sörensen gar nicht, wie er dort klarmacht: »Ich möchte kein Geld, und das Schwein steht schon. Natürlich könnt ihr Nein sagen, aber ihr hier im Ausschuss seid Teil des Kunstwerks und die Ja- und Nein-Stimmen stehen morgen auf den relevanten Kanälen.« Damit meint er die Blankeneser Facebook-Gruppe. Nach dieser Ankündigung sagen die Ausschussmitglieder einstimmig »Ja« zum Schwein.

Wiederum ein paar Wochen später habe der Chef der Abteilung Stadtgrün bei Sörensen angerufen. Er habe seine fachliche Einschätzung zum Schwein abgeben sollen und daher wissen wollen, wie lange es dort stehen bleiben soll. »Für immer« sei Sörensens Antwort gewesen. Das habe der Herr notiert und seither dürfe das Schwein für immer dort stehen – sogar ohne Bodenanker. Sörensen kümmert sich weiterhin liebevoll darum. Und das ist auch nötig, denn es sah zuletzt aus wie Sau: »Unlängst hat es eine Algenkur bekommen, da es etwas grün angelaufen war.«

Dank des ordnungsgemäß gestellten Antrags auf Sondernutzungserlaubnis konnte das Schwein endlich aus seiner Illegalität befreit werden.

Anreise

Das Holzschwein steht an der Spitze der Grünfläche zwischen Mühlenberger Weg und Blankeneser Bahnhofstraße in 22587 Hamburg.

GEPRÜFT

Verschwundene Rosshaarsocken

Na, wen haben wir denn da? Aha, Peter Bruckmüller, Wehrtechnikexperte bei der Marine. Seit mehr als vierzig Jahren beim Bund.

Was haben Sie hier bei der Servicestation der Bundeswehr in Eckernförde zu suchen?

»Ich gebe meine Kälte- und Wärmeschutzkleidung ab, weil ich demnächst in Rente gehe.«

Sehr vorbildlich, so gehört sich das. Haben Sie denn auch alles dabei, was Sie sich mal geliehen hatten für Ihre Fahrten auf den Marineschiffen?

»Ja, es sind einmal Seestiefel dabei, es sind Schutzkleidung, eine Hose und ein Parka dabei, den man an Bord anziehen muss als Regen-Kälte-Schutz.«

Dann hopp hopp, nichts wie rein zur Rückgabe. Geht da alles glatt, Bruckmüller?

»Es wurde penibel geprüft, ob alles da ist.« Ja, Ordnung muss sein! »Nur leider fehlt ein Paar Rosshaarsocken.«

Was? Ein Paar Rosshaarsocken fehlt? Was ist denn das für ein Schlendrian?! Die haben Sie doch gerade erst bekommen. Schauen Sie doch mal auf Ihrer Ausleihkarte nach, wann genau das war.

»Am 11.04.1989 wurde ein Paar Socken Haar von mir geliehen.«

1987 hat sich Peter Bruckmüller solche Rosshaarsocken geliehen – und heute findet er sein Paar nicht mehr. Was für ein Schlendrian!

Exakt! Da steht es schwarz auf weiß. Vor 27 Jahren haben Sie die Socken bekommen. Und wo sind die jetzt, bitte schön?

»Das weiß ich nach 27 Jahren nicht mehr. Die waren nicht mehr auffindbar. Irgendwann sind diese Rosshaarsocken wohl verschwunden. Das kann gut passieren. Es wurde mir nahegelegt, dass ich eine Verlustmeldung schreibe.«

Diese Verlustmeldung muss zurück zur Servicestation, und zwar hurtig. Bringen Sie die gefälligst dahin, Bruckmüller, links zwo drei vier. Und dann bekommen Sie Post.

Registriert ist der Vorgang unter der Schadennummer 18/16: Verlust von Bekleidung.

Beschaffungspreis 3,53 Euro
abzüglich 50 % Wertminderung 1,76 Euro
Die Schadenssumme beträgt somit 1,77 Euro.

Nach den Schadensbestimmungen (VMBI/Er-
lass-2013-44) handelt es sich hier um einen Klein-
schaden unter 5 Euro. Aus diesem Grund wird der
Schaden nicht weiter verfolgt.

»Ich habe nur gestaunt, dass so viel Aufwand getrieben wird für so wenig Geld. Wieso wurde das überhaupt noch weiter verfolgt und nicht gleich von vornherein aus Nichtigkeits-gründen gestrichen?«

Erst die Rosshaarsocken verschlampen und jetzt auch noch frech werden? Das haben wir gerne.

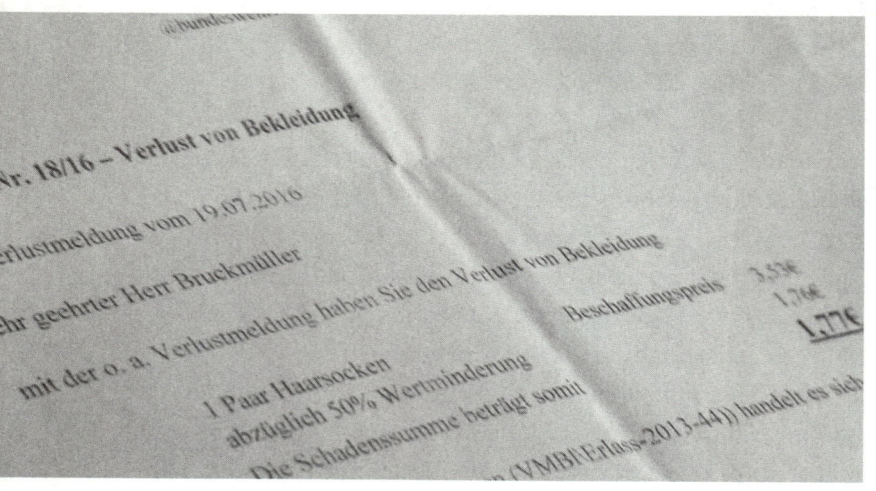

Mit diesem Schreiben antwortet die Bundeswehr Bruckmüller auf seine Verlustmeldung mit der Schadennummer 18/16: Verlust von Bekleidung.

»Ich möchte nicht wissen, wie viel Arbeitsintensität da-hintersteckt. Die ganzen Leute, die damit beschäftigt sind, diese Formulare auszufüllen ... Was das im Endeffekt kostet in Relation zum Preis der Socken.«

Das tut hier nichts zur Sache, Bruckmüller, das ist nicht Ihr Bier! Wichtig ist, dass bei der Bundeswehr-Rosshaar-socken-Buchführung alles stimmt. Und da ist jedes Paar wichtig.

»Nein, es ist nicht wichtig, dass die Socken wieder unbedingt auftauchen, denn sie werden im Rahmen der Rückgabe sofort vernichtet.«

Haben Sie etwa immer noch Widerworte, Bruckmüller?

»Unterwäsche oder Leibwäsche wird vernichtet, weil es nicht mehr zumutbar ist, dass ein anderer Mensch sie noch weiter trägt. Es geht nur darum, dass der Bestand stimmt. Die Rosshaarsocken müssen da sein, um danach vernichtet werden zu können.«

Ja, und weil Sie so ein elender Socken-Verbummler sind, Bruckmüller, können wir Ihre Socken nicht einfach, wie es sich gehört, vernichten. Daher die Sache mit der Verlustmeldung: damit die Bundeswehr genau weiß, was sie nicht vernichten kann.

Und nun seien Sie gefälligst froh, dass wir Ihnen den Schaden nicht berechnen. Haben Sie noch irgendwas zu sagen, Bruckmüller?

»Die 1,77 Euro hätte ich auch noch über gehabt.«

Sie sind ein Querulant, Bruckmüller. Und jetzt machen Sie sich gefälligst auf die Socken!

»Verteidigungsministerin Ursula von der Leyen sieht das so mit Syrien: Das ist kein Kriegseinsatz der Bundeswehr. Nur ein sehr, sehr gefährlicher Einsatz. Ein Haus ist ja auch nur ein sehr, sehr starres Zelt.«

Danke

Liebe Stadtpräsidenten, Baudezernenten, Stadtraummanager, Laub- und Brückenexperten, liebe Ordnungsamtsleiter und all die anderen Bürokraten, die in diesem Buch Erwähnung finden, wir danken Ihnen, dass Sie uns den hoffentlich unterhaltsamen Stoff für dieses Buch geliefert haben. Die kuriosen Fälle, die wir zusammengetragen und weitererzählt haben, wären nur halb so lustig ohne Ihre Rechtfertigungen und Erklärungen. Das sagen wir ganz ohne Häme: Danke, dass Sie uns und unseren Kollegen Rede und Antwort gestanden haben. Dass Gesetzeslagen und Vorschriften Ihnen auch manchmal das Leben schwer machen, können wir gut nachvollziehen. Wir arbeiten schließlich beim Norddeutschen Rundfunk, letztlich auch eine Behörde, aber eine mit angeschlossenem Sendebetrieb. Apropos: Bedanken möchten wir uns auch bei unserem Redaktionsleiter Andreas Lange, der dieses Buchprojekt wie schon unsere Filme stets interessiert begleitet und unterstützt hat.

Nicht alle Fälle in diesem Buch haben wir selbst im Dickicht des Irrsinns gefunden und filmisch umgesetzt. Unser größter Dank gilt daher den ausgezeichneten Autoren der weiteren extra 3-Beiträge, die in diesem Buch nacherzählt werden. Julian Amershi, Jens Barkhorn, Johannes Büchs, Manuel Daubenberger, Tim Grunendahl, Martina Hauschild, Britta von der Heide, Patricia Kümpel, Cathrine

Lejeune, Jakob Leube, Linda Luft, Sebastian Rieth, Therese Ulrich – danke, dass ihr so tolle Geschichten ausgegraben, recherchiert und umgesetzt habt! Sie alle beherrschen ein schwieriges Handwerk: Absurde Geschichten kunstvoll und mit Freude zu erzählen. Ebenso gebührt den extra 3-Redakteuren Sabine Platzdasch, Christian Sieh und Klaas Butenschön großer Dank für Ihre wertvollen Tipps und Hinweise sowie ihre Kreativität in der Betreuung der Fernseh-Beiträge.

Bedanken möchten wir uns auch bei Anna Marohn und Klaas Butenschön, die viel Geduld und Zuspruch für uns parat hatten und deren Meinung als erste Leser dieses Buches uns besonders wichtig und hilfreich war.

Dem Team von Eden Books und insbesondere Svenja Monert und Nina Schumacher gilt unser Dank für euer stets offenes Ohr für alle Fragen, die Erstlings-Autoren so haben. Zusammen mit unserer Lektorin Susanne Röltgen, die das Manuskript mit klugen Anmerkungen versehen hat, habt ihr aus unseren Texten ein echtes Buch gemacht. Ein irrsinnig irres Buch.

Impressum

Alicia Anker und Daniel Sprenger
extra 3
Deutschland - der reale Irrsinn ist überall
ISBN: 978-3-95910-121-9

Eden Books
Ein Verlag der Edel Germany GmbH
Copyright © 2017 Edel Germany GmbH, Neumühlen 17, 22763 Hamburg
www.edenbooks.de | www.facebook.com/EdenBooksBerlin | www.edel.com
1. Auflage 2017

Lizenziert durch Studio Hamburg Enterprises GmbH

Projektkoordination: Svenja Monert und Kathrin Riechers
Lektorat: Susanne Röltgen
Layout- und Umschlaggestaltung: Christiane Hahn, Frankfurt a. M.
Umschlagabbildungen: © NDR, extra 3
Satz: Datagrafix Inc.| www.datagrafix.com
Druck und Bindung: optimal media GmbH, Glienholzweg 7, 17207 Röbel/Müritz

Fotocredit
Bilder Innenteil: © NDR, extra 3; Fotos von Christian Ehring: © NDR/Morris Mac
Matzen; Seite 66: Auszug aus »Prüfkriterien Sondernutzung« des Bezirksamts
Friedrichshain-Kreuzberg; Seite 76: © Christian Huschga

Das FSC®-zertifizierte Papier *Munken Print Cream* für dieses Buch lieferte Arctic
Paper, Hamburg.

Dieses Buch ist auch als E-Book erhältlich.

Um die kulturelle Vielfalt zu erhalten, gibt es in Deutschland und in Österreich die
gesetzliche Buchpreisbindung. Für Sie, liebe Leserin und lieber Leser, bedeutet das,
dass Ihr verlagsneues Buch jeweils überall dasselbe kostet, egal, ob Sie Ihre Bücher
gern im Internet, in einer großen Buchhandlung oder beim kleinen Buchhändler
um die Ecke kaufen.